博瑞森图书
BRACE

企业阅读 本土实践

医药电商新零售

抓住医药流通千亿市场

动脉网蛋壳研究院 著

考拉看看 主编

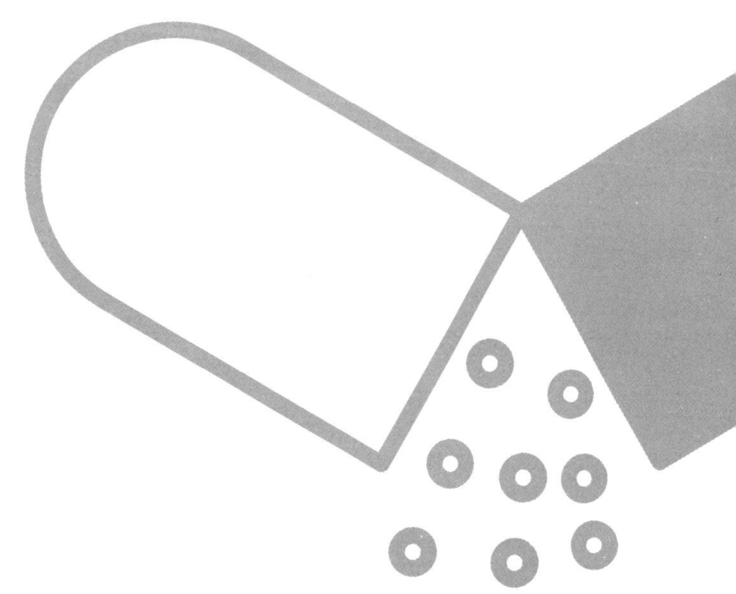

中华工商联合出版社

图书在版编目（CIP）数据

医药电商新零售：抓住医药流通千亿市场/动脉网蛋壳研究院著；考拉看看主编. -- 北京：中华工商联合出版社，2019. 12

ISBN 978-7-5158-2640-0

Ⅰ. ①医…　Ⅱ. ①动… ②考…　Ⅲ. ①药品－电子商务－研究－中国　Ⅳ. ①F724. 73－39

中国版本图书馆 CIP 数据核字（2019）第 274624 号

医药电商新零售：抓住医药流通千亿市场

作　　者：动脉网蛋壳研究院　考拉看看
责任编辑：于建廷　效慧辉
责任审读：郭敬梅
封面设计：仙　境
责任印制：迈致红
出版发行：中华工商联合出版社有限责任公司
印　　刷：河北宝昌佳彩印刷有限公司
版　　次：2020 年 4 月第 1 版
印　　次：2020 年 4 月第 1 次印刷
开　　本：710mm×1000mm　1/16
字　　数：200 千字
印　　张：13. 5
书　　号：ISBN 978-7-5158-2640-0
定　　价：88. 00 元

服务热线：010－58301130
团购热线：010－58302813
地址邮编：北京市西城区西环广场 A 座
19－20 层，100044
http：//www. chgslcbs. cn
E-mail：cicap1202@ sina. com（营销中心）
E-mail：gslzbs@ sina. com（总编室）

导　读

动脉网是一家定位于未来医疗领域的专业服务机构，是医疗行业最大的原创内容传播渠道和权威研究机构。经过多年的观察与跟踪，动脉网选择了医疗领域最具发展潜力、代表未来发展趋势的若干版块，精心打造“未来医疗系列丛书”，内容包括互联网医院、新型诊所、医美、医药电商、基层医疗等。希望能帮您更好地抓住机遇，把握未来。

医药电商是一个非常热的赛道，在持续的发展过程中，其服务内容和产品价值均在不断升级。动脉网蛋壳研究院通过对医药电商行业进行深入的报道和研究，对电商行业发展的历程和既有模式进行分析，深度解读医药电商发展中遇到的挑战和困境，预见医药电商未来发展将出现的新机会、新方向，以期通过本书能给从事相关行业的人或读者带来一些思考。

第一章介绍了医药电商的发展进程与未来趋势。医药电商发展的历程，已经进入成长阶段，各大电商平台在药品经营规模、融资能力、产业链整合能力、附加服务能力方面参差不齐。我国医药电商市场规模增长空间巨大，移动化、专业化、多元化是未来的趋势。

第二章介绍了 B2B 医药电商的行业现状、问题和隐患。随着“医药分开”的逐步实施，处方外流、未来网售处方药的解禁，将为医药电商创造新的增长点。

第三章医药电商市场环境及竞争态势分析。介绍了医药电商的布局，医药电商与医疗服务及医药供应链服务的融合，对产业链的渗透更深，通过对 B2B、B2C 医药电商竞争力评价和美国医药电商模式的分析，来讲述我国的医药电商需要如何进行转型升级，以便更好地为机构或患者服务。

第四章介绍了新政下医药电商的新机会。在监管政策的促使下行业创新模式逐渐丰富，未来医药电商肯定是医药流通的一个大趋势。

第五章医药电商的运作模式及产业特点。介绍了政策对医药电商的正向引导不断加码后，医药电商业务影响力日渐扩大、生态逐步繁荣。详细地阐述了打造高效医药 O2O 服务环方法，通过分症式辨证施治用药、集合式用药指导、互联式医药服务等进行协同操作，由此成为医药行业新秀，在激烈的行业竞争中占据优势地位。

第六章介绍了医药电商未来的发展方向。讲述了医药电商企业 2018 年的变化，并对医药电商行业的未来发展方向做了预判。

第七章分析了医药电商创新企业成功案例。医药电商优秀的企业案例，可供产业中具体企业、投资人参考。

展望未来，医药电商概念和功能日趋多样化，为用户提供更丰富的服务，提高优质医疗服务的可及性，提高药品供应保障能力，让人人皆可享有平等、普惠的高价值医疗服务。

目录
Contents

第一章

医药电商的发展进程与未来趋势

一、医药电商的发展历程

我国医药电商主要由 B2B 平台和 B2C 平台构成。B2B 医药电商平台主要为医药机构服务，其采购方主要为医院、基层医疗机构、零售药店等。B2C 医药电商则主要为个人提供药品购买服务，按照是否自营又细分为平台型 B2C 和自营性 B2C。前者类似于淘宝模式，引入不同药品商家入驻平台，为其提供药品展示、交易服务、IT 支持、数据分析等服务；后者主要是自行进行药品采购并自建平台进行销售。如图 1－1 所示。

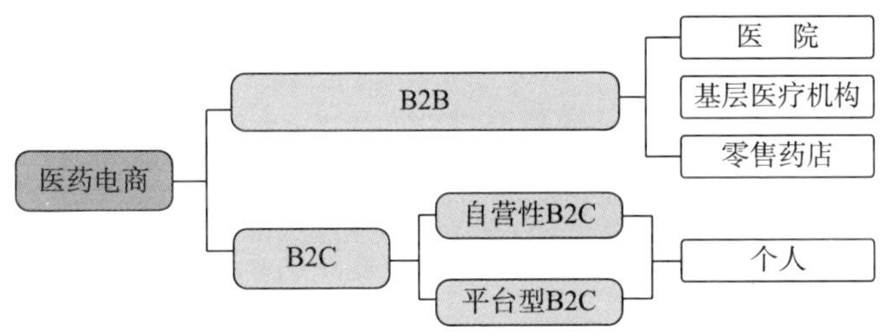

图 1－1　医药电商构成体系

当前，我国医药电商已进入快速发展阶段，产业格局基本形成。虽然我国医药电商的发展存在制约因素，但是从近几年医药电商的市场规模变化看，过去 6 年医药电商销售规模的年均复合增长率达到 55.5%，医药电商占药品终端市场的比例年均复合增长率也高达 37.6%，这意味着我国医药电商已进入快速发展阶段。

从首家网上药店试水到现在，我国医药电商经历了探索期、启动期、成长期 3 个阶段，目前已经进入发展期。如图 1－2 所示。

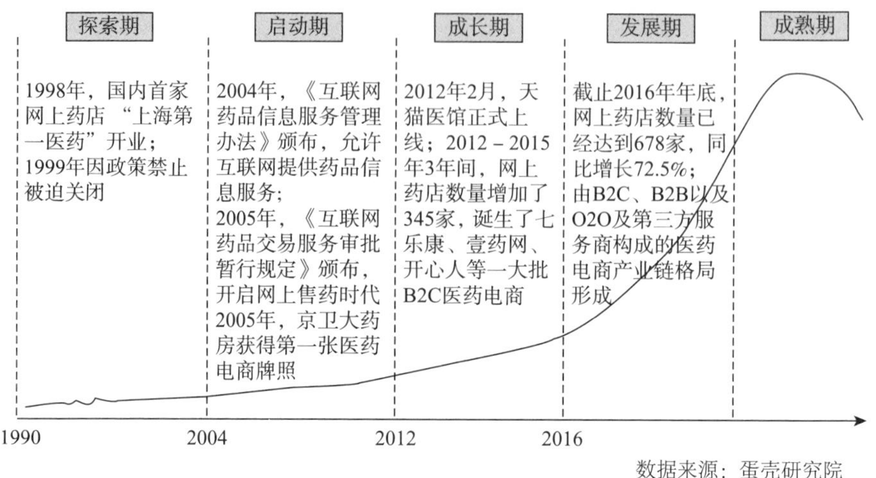

图 1－2　我国医药电商的发展阶段

（一）探索期：配套政策缺失，医药电商昙花一现

1998 年，国内还没有出台医药电商相关政策时，出现了首家网上药店“上海第一医药”。但随后在 1999 年 12 月 28 日，CFDA（国家食品药品监督管理总局）出台《处方药与非处方药流通管理暂行规定》，禁止网上销售处方药和非处方药，上海第一医药被迫关闭。在以后长达 14 年的时间里，国内没有出现网上药店。

（二）启动期：互联网药品销售政策出台，医药电商获得“准生证”

2004 年 7 月 8 日，CFDA 颁布《互联网药品信息服务管理办法》，允许取得“互联网药品信息服务资格证书”的企业通过互联网向网上用户有偿提供药品信息等服务活动。2005 年 9 月 29 日，CFDA 又颁布了《互联网药品交易服务审批暂行规定》，规定药品零售企业可以网售非处方药。上述两项政策的发布给予了医药电商的合法地位，京卫大药房获得国内第一张医药电商牌照，标志着医药电商开始进入药品零售领域。截至 2012 年，我国共有 48 家网上药店。

（三）成长期：数量增长较快，商业模式仍在探索

2012 年，天猫医药馆正式上线，作为天猫旗下专业的医药购物频道，汇集了 OTC 药品、医疗器械、计生用品、隐形眼镜、品牌保健品、传统滋补品等网购服务项目，搭建起了医药电商的标准化模板，为其他医药电商的发展提供参考借鉴。在 2013 年，网上药店数量陡增到 134 家，同比增长约 2 倍，诞生了七乐康、1 药网、开心人等一大批知名医药电商。2014 年 5 月 28 日，CFDA 发布了《互联网食品药品经营监督管理办法（征求意见稿）》，允许互联网企业按照药品分类管理规定的要求，凭处方销售处方药。该征求意见稿的发布推动大量药品企业进入电商领域。在 2012—2015 年 3 年间，我国共诞生了 345 家网上药店，虽然该阶段网上药店数量增速较快，但大部分药店没有成熟的商业模式，还在不断地探索，我国医药电商尚处于成长期。

（四）发展期：政策逐步完善，产业格局基本成型

在经历过启动期和成长期后，在 2016 年以后，医药电商企业的商业模式已经成型：以 1 药网、健客、阿里健康大药房、京东大药房为代表的 B2C 模式，以益药购、九州通网、我的医药网、未名企鹅、药师帮为代表的 B2B 模式，以快方送药、药到家为代表的 O2O 模式。我国

医药电商的产业格局已经形成，在各自细分领域都出现了一批代表性企业。2016 年，我国网上药店数量已经达到 678 家，同比增加 72.5%，医药电商进入了快速发展期。如图 1－3 所示。

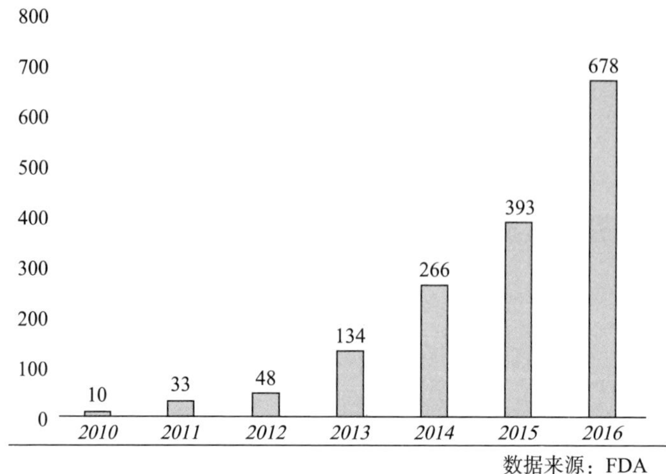

图 1－3　2010—2016 年的网上药店规模

目前，我国医药电商产业生态已基本形成，以运营方为核心，对外链接资源方、第三方服务商和用户，打通了药品的生产、流通、支付及消费环节。同时，在这一时期，政府出台了一系列政策推动医药电商的发展。如图 1－4 所示。

图 1－4　2016—2017 年政府出台相关政策支持

从政策内容看，政府大力支持医药电商的发展，取消互联网交易资格 A、B、C 证后，意味着我国医药电商由审核制改为备案制，降低了审核门槛。

二、趋势：移动化、专业化、多元化

目前医药电商发展尚存三大瓶颈：一是处方药网售限制，短期来看，监管出于用药安全不会放开这一限制；二是医保对接，最大的问题是我国医保实行地区统筹管理，医保全国统筹尚处于规划阶段，医药电商不能“异地买药医保结算”；三是消费者认知，即药品不同于一般消费品，受众还没有完全接受医药电商这一渠道，市场尚需培育，消费者习惯需要缓慢培养。

而对比欧美等发达国家，不仅政策层面较为开放，消费者的认知程度也较高。以美国为例，其医药电商发展程度较高，市场相对成熟，网上药店（B2C）的销售规模可占到整个零售市场的30%左右，我们的数据在5%左右；销售品类中约有50%为处方药，我国则处于起步阶段。

医药电商企业也做出了积极尝试，破解制约发展的瓶颈。包括引入互联网医院、电子处方的方式获得处方药售卖权；与健康管理、慢病管理相结合提升受众黏性；发力专业药房、药品特供等模式。未来，医药电商或可成长为与医院、零售等量齐观的渠道。

从近期行业动态和政策要点可以看出，医药电商将呈现移动化、专业化、多元化的趋势。

其一，移动端的成交超过 PC 端等其他渠道。实际上，这也是目前整个电商领域的主要特征之一，据尼尔森的数据显示，2016 年整个电商行业的移动成交占比达 69.4%。具体到医药电商领域，移动化做得较好的 1 药网数据显示，其顾客数量 80% 来源于移动端，月活跃用户超过 150 万。

易观咨询发布的数据显示，2015 医药电商市场结构前两季度 PC 端超过移动端，后两季度移动端超过 PC 端。往下细分，平台移动渠道的市场占比将超过自营移动渠道；2017 年前三季度平台移动渠道市场占比在 75% 以上，大大领先自营移动渠道。

其二，专业化程度加强。医药消费是一个低频消费，整合到平台 APP 中较为轻便，但是如果在电商中嵌入健康管理、轻问诊咨询等，电商 APP 的打开率或可提高。1 药网、健客网、康爱多等网上药店都推出“药 + 医”模式，比如 1 药网的一诊 APP，从线上问诊切入到药品导购，导流效果明显。此外，云开亚美注重自养药师、自营门店，专业服务队伍可为用户提供选药、用药、健康管理的意见，增强了服务的渗透性。从整个行业来说，除了上面提到的几家医药电商外，尚有多家医药电商表示将强化药师和健康咨询团队，以保证线上购药和线下服务水平的统一。

当前，医药电商已经扩充到轻问诊、网络医院等医疗服务中，未来这种趋势还将深入，同时也激活更多以“药”为核心的经营行为。在动脉网盘点的企业中，有做药品“特卖”的，有专门为慢特病用户提供服务和产品的，从他们的融资情况来看，其得到资本青睐最大的原因就是差异化，医药电商由于不受地域和时间限制，更容易聚合起有同样用药需求的用户，满足他们需求的同时亦养活了企业。

其三，O2O 将受到重视，可以从 2017 年 2 月 9 日国务院发布的《进一步完善药品生产流通使用若干意见》（下称《意见》）得到印证。

《意见》指出要引导“互联网+药品流通”规范发展，支持药品流通企业与互联网企业加强合作，推进线上线下融合发展，培育新兴业态。规范零售药店互联网零售服务，推广“网订店取”“网订店送”等新型配送方式。这无疑给医药O2O打了一剂“强心针”，当时既有几家医药O2O企业对记者表示，医药O2O或迎来春天。

实际上，此前既有不少企业在深耕这一业务。比如阿里健康联合多家药店成立的“中国医药O2O先锋联盟”，借助移动互联网和数据技术，打通上下游医疗医药服务产业，直接表现就是用户可在阿里健康APP下单，由附近的药店送药，形成线上、线下联动。此领域还进驻了不少送药O2O企业，包括快方送药、叮当快药、送药360等。不过两者模式略有区别，阿里健康是为线下药店提供订单导流，快方是自建药店。前者出于整合整个医药产业考虑，后者则希望自己掌控购药、配送环节，提高服务质量和满意度。

综上，政策或呈迟缓状态，但企业已经在积极尝试，会以市场的方式倒逼政策进步，医药电商即将保持平稳较快的增长。

三、未来：市场规模将超千亿

政策、行业环境多项利好，加上业内公司的积极探索与突破，医药电商未来的行业规模将持续放大，集中度提升，强者恒强；专业化程度增强，对医疗服务的渗透更深；慢病及新特药等差异类电商将活得更好；线上线下融合，业务边界消失。

先看市场规模，据商务部市场秩序司数据，2016 年医药电商直报企业销售总额为 612 亿元。其中，B2B 业务销售额 576 亿元，B2C 业务销售额 36 亿元。另据 Choice 数据（东方财富旗下金融数据平台）显示，2016 年 B2C 医药电商规模为 286 亿元。

在成长性上，B2B 医药电商近五年年均复合增速为 40%，2017 年 B2B 交易额超过 760 亿元。在成长的角度上，B2C 医药电商近五年年均复合增速超过 100%，2017 年交易额超过 500 亿元。总体看，2017 年医药电商规模超 1000 亿元。如图 1－5 所示。

从市场占比看，尽管医药电商大门已开，进入者增多，但头部流量已被成熟平台把持，市场集中化趋势明显，强者将恒强。

如阿里巴巴和京东两家平台，都已开始自营。阿里巴巴将天猫医药馆业务收入囊中，并组建阿里健康大药房；京东则有自营药房、医药批

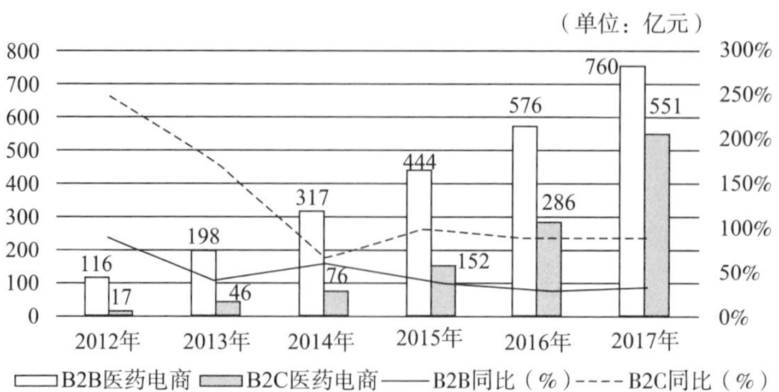

图1－5　医药电商市场规模

发、医药O2O、互联网医院等业务。

除了阿里巴巴、京东外，其他医药电商则多有上市公司背景，包括九州通－好药师、太安堂－康爱多、仁和药房网－仁和药业，这些大公司所建的医药电商平台有资源优势，起步较早，已占据一定的市场地位，未来将持续“统领”市场。

即使是非上市公司，在融资方面，起步早、已经通过市场验证的公司更容易得到资本青睐。据动脉网统计，截至2017年Q3，医药电商领域发生融资13起，总融资金额约为1.27亿美元，仅为2016年的一半（2016年医药健康领域发生融资10起，总融资金额2.67亿美元）。

从2017年获得融资的公司看，融资轮次集中在A轮及以后，包括健客、七乐康、国药在线、药师帮等，金额大，占到总融资额的98%以上；新近创立的公司非常少，滴度科技、医链科技、桃奢生活三家新公司拿到的总融资额仅为400万美元。这些数据表明，医药电商领域的创业进入了后半程，资本更倾向于培育一家独角兽而不是做天使投资。如表1－1所示。

表 1-1 2017 年医药电商领域融资

时间	公司名称	轮次	金额（万美元）	投资方
2017/2/7	药师帮	B 轮	1658.5	松禾资本、复星资本、同威资本、常春藤
2017/2/15	七乐康	C 轮	未透露	清控银杏，红杉资本中国，中卫基金，景林投资，分享投资，京东，东方证券
2017/3/22	药材买卖网	A 轮	303.8	上海健康医疗产业投资基金
2017/3/23	滴度科技	PreA 轮	151.9	未透露
2017/4/11	瑞人堂医药	战略投资	1519	华泰基金
2017/4/18	快方送药	战略投资	911.4	步长制药
2017/5/15	健客网	A+轮	5000	火山石资本，PGA 基金，Asia-Pace-Commerce
2017/5/29	泉源堂	C 轮	457.9785	一村资本
2017/6/5	未名企鹅	A+轮	未透露	红石城金创投、成为资本、经纬中国
2017/7/5	国药在线	A 轮	1809.954751	云峰基金，朗盛投资
2017/7/7	医链科技	天使轮	150.8295626	黑马蓝枫基金
2017/8/15	飞医网	A 轮	603.02	京颐股份
2017/10/15	桃奢生活	天使轮	90.44	未透露

在专业化程度增强方面，主要体现在医疗服务上，前面提到有不少医药电商公司开始涉足医疗，反向来看，亦有不少互联网医疗公司开始涉足药品服务，包括微医收购医药电商金象网、为多家医药电商提供医疗服务接口等。另外，还包括各家医药电商均在加强建设的专业药师队伍，提供专业的药学服务。整体看，医药电商在医疗服务和药学服务上通过自建、合作等方式强化能力，为消费者提供了更加专业而深入的服务。

值得注意的是，慢病、新特药电商的崛起，尤其是 DTP（动态中继协议）模式。DTP 模式本来是为新药，尤其是尚未进入医保的新药开辟的直接触达患者的一个渠道，多开在医院边，由医药流通企业运营。

随着医药电商的成熟，“DTP＋医药”电商模式开始兴起，医药电商没有地域限制，能够服务更多患者，而医药流通企业的新特药供应链渠道亦能为平台加分不少。预计电商DTP模式将成为医药电商重要的细分市场。

线上线下结合，多业态协同，从政策及产业实践方面都可看出端倪。国家鼓励发展“智慧医药物流”，在“两票制”“药品流通规划十三五规划中”等政策中，也提出了要进一步提升医药物流企业对互联网技术的运用。

智慧医药物流，其核心逻辑就是供应链及服务的竞争，流通企业的竞争将从单一的价格、配送能力迁移至供应链整合能力，而智慧医药物流则代表在供应链整合上的最优模式，B2B医药电商及衍生的供应链服务，无疑具有较强的竞争力，符合政策导向和产业发展逻辑。

在B2C及O2O方面，有网上药店积极布局线上，也有线下药店加入O2O联盟、各O2O平台（如京东到家、美团、饿了么）等拓展服务半径，线上线下的边界正在打破，未来网上药店将和零售药店正面对决。

综合来看，医药电商正在逐渐走向成熟。未来，随着相关政策和产业实践落地，医药电商的发展潜力巨大，移动化、专业化、多元化、智慧化、多态融合等趋势逐步凸显，将颠覆传统医药流通、零售。

第二章

B2B医药电商方兴未艾

一、B2B 医药电商的现状与趋势

（一）B2B 医药电商四个阶段

第一阶段，电子化阶段，时间为 20 世纪 90 年代初至 2005 年。该阶段各医药商业企业响应国家号召进行行业内的电子化办公。除了内部电子化的实现，很多医药商业公司都建立了自己的官网进行药品销售。但是由于国内整体的电商硬件、软件环境所限，采购方对网络采购缺乏认同，导致线上采购行为夭折。由此，本阶段的特征是，企业内部电子化。

第二阶段，启蒙阶段，该阶段为 2005—2009 年。由于 2005 年第一个网上药店审批牌照的颁发，医药电商走入了大众的视野，虽然是 C 证，但也给一潭死水的医药电商市场带来了不小的冲击。在海虹申请了 A 证以后，医药 B 类市场也开始萌芽。期间被各种科技公司带着崭露头角，这类企业中不乏现在仍然活跃的“九州通医药网”“金利达医药网”“快易捷医药网”。该阶段的特征是，传统行业信息化转变。

第三阶段，被动阶段，该阶段为 2009—2016 年。本阶段的特征是，网上交易化。可以说，真正的医药电商逐渐形成，A 证平台唱主角。

2009—2013 年，国家对医药电商处在观察和试验阶段，对医药电商能否形成良性的商业模式持保守态度。在很长时间内，国家都没有放开对 A 证的审批，直到 2013 年上半年。此阶段代表性的网站有“汉宁医药网”“药品终端网”“我的医药网”。这些网站在结合自身特点的基础上，开始摸索出自有的医药电商模式。而这类网站的思路还是简单地把线下业务强行搬到线上，出发点就导致了推广运营中难以跨越的种种困局，“烧钱培养习惯”“花钱买买家和卖家”。

第四阶段，主动阶段。该阶段为 2017 年以后，医药商业逐渐开始走自营的道路，主要代表性事件就是“国家对 B2B（B 证）、B2C 的审批放宽”。在未来 2～3 年，医药商业企业会腾出时间、资源，真正进行电商化的布局和运作。此阶段的特征是融合。

（二）B2B 医药电商发展的两大影响因素

B2B 医药电商从 2005 年法规出台之后就引起了业内的讨论和关注，但是在 2013 年之前，其实是很少有人涉足这个领域的。从 2013 年到现在，B2B 医药电商才真正进入成长期，迎来高速发展。

B2B 医药电商开始发展的原因在于三个方面：一是“新医改”持续推进，医药经营环境发生变化，迫使一些企业通过创新来迎接变革；二是互联网本身的发展，加上其他领域的电商有成熟的运营经验之后，自然地移植到医药领域；三是互联网＋医疗迎来创业热潮，医疗和医药协同发展。

医药行业本身是一个“吃”政策的行业，由于其事关居民用药安全和健康，所以监管肯定会在这个过程中起到很重要的作用。换句话说，讨论 B2B 医药电商的发展就不能脱离政策。

动脉网对历年颁布的影响 B2B 医药电商行业发展的政策进行了梳理，分为直接相关的和间接相关的两大类。如表 2－1 所示。

表 2-1 医药电商相关政策

发布时间	政策名称	相关内容
1999 年	《处方药与非处方药流通管理暂行规定》	处方药、非处方药不得采用有奖销售、附赠药品或礼品销售等销售方式，暂不允许采用网上销售方式
2000 年	《药品电子商务试点监督管理办法》	药品电子商务是指药品生产者、经营者或使用者，通过信息网络系统以电子数据信息交换的方式进行并完成各种商务活动和相关的服务活动
2000 年	《互联网药品信息服务管理暂行规定》	互联网药品信息服务分为经营性和非经营性两类
2004 年	《互联网药品信息服务管理办法》	经营性互联网药品信息服务是指通过互联网向上网用户有偿提供药品信息等服务的活动 非经营性互联网药品信息服务是指通过互联网向上网用户无偿提供公开的、共享性药品信息等服务的活动
2005 年	《互联网药品交易服务审批暂行规定》	划定了互联网药品交易服务的实施主体和类型
2011 年	《“十二五”全国药品流通行业发展规划纲要》	支持连锁经营、物流配送与电子商务相结合，提高药品流通领域的电子商务应用水平
2013 年	关于加强互联网药品销售管理的通知	加强药品交易网站资质的管理、加强药品交易网站销售含麻黄碱类复方制剂的管理、加强药品交易网站销售处方药的管理等
2014 年	《互联网食品药品经营监督管理办法（征求意见稿）》	允许有资质的平台进行处方药网售，并委托物流配送企业储存和运输；从事互联网药品交易服务的第三方平台经营者，应当由执业药师开展网上咨询服务
2015 年	《关于大力发展电子商务加快培育经济新动力的意见》	制定完善互联网食品药品经营监督管理办法，规范食品、保健食品、药品、化妆品、医疗器械网络经营行为，加强互联网食品药品市场监测监管体系建设，推动医药电子商务发展
2016 年	《关于结束互联网第三方平台药品网上零售试点》	国家食药监局分别通知河北省、上海市、广东省食药监局，要求结束互联网第三方平台药品网上零售试点

续表

发布时间	政策名称	相关内容
2016 年	《全国药品流通行业发展规划（2016－2020 年）》	推动移动互联网、物联网等信息技术在药品流通领域广泛应用，鼓励企业开展基于互联网的服务创新，丰富药品流通和发展模式
2017 年	《关于第三批取消 39 项中央指定地方实施的行政许可事项的决定》	取消医药电商 B、C 证审核，保留 A 证审核

1. 政策是医药电商发展的第一驱动因素

2000 年颁布了《药品电子商务试点监督管理办法》，在该法规出台之前，实际上社会上就有零星的网售药的现象，比如 1998 年上海第一医药网上商店开设，后因无相关政策依据被叫停；国家药物管理办（后并入国家食药监局）向广东省、福建省、北京市、上海市几个药品电子商务走在前列的省份下达的这份通知，首次“承认”了药品电子商务的存在，标志着监管层注意到药品电子商务这一行业。

试点五年之后，2005 年 9 月，国家食品药品监督管理局颁布了《互联网药品交易服务审批暂行规定》，详细定义了互联网药品交易服务的交易范围、实施主体、监管标准等，医药电商（B2B 和 B2C）得以发展。

2016 年 7 月，国家食药监结束了互联网药品交易第三方平台试点，收回了 95095、八百方、1 号店三家平台的试点。称在试点过程中，存在与实体药店主体责任不清晰、对销售处方药和药品质量安全难以有效监管等问题，虽然该试点仅限于 B2C 领域，一时间还是让行业噤若寒蝉。

2017 年 5 月中旬，食药监与业内八家医药电商企业举行闭门会议，进一步讨论了医药电商监管放开的问题。

可以说，从 2000 年以来，医药直管部门对医药电商的监管一直存在一条紧绷的“弦”，既要保证用药安全和居民健康，又要兼顾行业的发展，但大体趋势是放开。2017 年，国家先后取消了医药电商 B、C、A 证的审核，从整个医药电商的发展来看，不少业内人士表示，医药电商政策迎来松绑，接下来很有可能会有更多利好政策出台。

2. 医疗环境、医药流通环境的影响

表 2－2　对医药电商有影响的其他政策

发布时间	政策名称	相关内容
2009 年	《关于深化医药卫生体制改革的意见》	深化药品流通体制改革，加快构建药品流通全国统一开放、竞争有序市场格局，形成现代物流体系；推动药品流通企业兼并重组，加快发展现代药品物流；应用流通大数据，拓展增值服务深度广度
2009 年	《关于建立国家基本药物制度的实施意见》	建立国家基药目录制度，保证基本药物供应
2009 年	《进一步规范医疗机构药品集中采购工作的意见》	全面推行网上集中采购，提高医疗机构药品采购透明度。医疗机构按申报集中采购药品的品种、规格、数量，通过药品采购平台采购所需的药品
2015 年	《药品经营质量管理规范》	企业应当在药品采购、储存、销售、运输等环节采取有效的质量控制措施，确保药品质量
2015 年	《药品医疗器械飞行检查办法》	在药品器械研制、生产、经营、使用环节开展不预先告知的监督检查
2016 年	《关于开展仿制药质量和疗效一致性评价的意见》	开展仿制药质量和疗效一致性评价，保障药品安全性和有效性，促进医药产业升级和结构调整，增强国际竞争能力
2016 年	《关于第二批取消 152 项中央指定地方实施行政审批事项的决定》	取消从事第三方药品物流业务批准，鼓励拥有完整质量体系的大型医药商业流通企业向供应链各方开放物流资源，提高医药物流效率

续表

发布时间	政策名称	相关内容
2016 年	《药品上市许可持有人制度试点方案》	试点行政区域内的药品研发机构或者科研人员可以作为药品注册申请人，提交药物临床试验申请、药品上市申请，申请人取得药品上市许可及药品批准文号的，可以成为药品上市许可持有人
2017 年	《关于在公立医疗机构药品采购中推行“两票制”的实施意见（试行）》	在公立医疗药品采购中推行“两票制”，规范药品流通秩序、压缩流通环节、降低虚高药价
2017 年	《进一步改革完善药品生产流通使用政策的若干意见	采取多种形式推进医药分开，禁止医院限制处方外流，患者可自主选择在医院门诊药房或凭处方到零售药店购药

2009 年，“新医改”正式启动，《关于深化医药卫生体制改革的意见》及相关配套政策陆续颁布，医药分开、控制药占比、多层次医疗体系建设、医疗支付改革、基层医疗、基药制度、集中采购、医药流通领域改革等正式拉开帷幕。

近几年，医药领域的改革在“新医改”的框架之下逐渐细化，新版 GSP、飞检、一致性评价、药品上市许可持有人制度、两票制等政策逐步推进，涉及药品研发、生产、流通、销售、使用各个环节。

总体而言，从医药电商所处的大环境来说，药企供给、流通渠道、需求方均在发生变化。医药电商顺应这一变化，以互联网工具来满足医药流通和个人消费者的用药需求，与医药环境相关性很高。

3. 行业现状：数百家企业规模近千亿

从 2014 年开始，医药 B2B 企业开始受到资本关注，包括红杉、复星等一批顶尖的医健领域投资者开始在 B2B 医药电商上下注，带火了这个行业。

2016 以来，B2B 医药领域的 360 健康、药品终端网、未名企鹅、药便宜、药师帮等斩获多轮融资，累计融资额度超过 10 亿元，投资方包括经纬中国、成为资本、纪源资本 GGV、常春藤资本、复星医药、软银中国等大牌投资机构。

此类获得融资的一般为互联网平台公司，除此类公司外，尚有传统流通企业自建、电商巨头入局，整个 B2B 医药领域可以说“热闹非凡”。

以 A 证（平台型）企业为例，据国家食药监局数据，截至 2017 年 8 月 20 日，A 证企业有 48 家。而在取消 B 证之前，持 B 证企业就 400 多家，取消之后，进入该领域的公司或有增加。两项叠加，整个 B2B 医药电商领域的玩家或超过 500 家。如表 2－3 所示。

表 2－3　持 A 证企业信息一览

互联网药品交易服务资格证（国 A）一览				
证书编号	发证日期	单位名称	法人	网站名称
国 A20060002	2012/5/18	海南卫虹医药电子商务有限公司	康健	海虹医药电子商务网
国 A20130001	2013/3/28	江西金利达电子商务有限公司	缪凌贵	金利达药品交易网
国 A20130003	2013/8/28	河北慧眼医药科技有限公司	陈文欣	95095 医药平台
国 A20130002	2013/8/28	重庆药品交易所股份有限公司	刘高清	医药公信网
国 A20130004	2013/12/9	北京汉宁恒丰医药科技股份有限公司	韩大庆	汉宁医药网
国 A20140001	2014/2/8	广州八百方信息技术有限公司	张小兵	八百方
国 A20140003	2014/6/12	纽海电子商务（上海）有限公司	祝鹏程	1 号店
国 A20140005	2014/11/21	长沙市凯纳网络技术有限公司	宋希	十二药网
国 A20140006	2014/12/23	北京京东叁佰陆拾度电子商务有限公司	刘强东	京东
国 A20150001	2015/1/23	浙江天猫网络有限公司	陆兆禧	天猫
国 A20150004	2015/8/13	福建莆田电商投资管理股份有限公司	吴曦东	普天药械交易网
国 A20150003	2015/8/13	安徽神农谷医药药材电子商务有限公司	郭东	神农谷药品信息网
国 A20150005	2015/10/30	医统天下（北京）网络科技有限公司	冯立欣	医统天下
国 A20150009	2015/11/4	北京德益达世医疗科技有限公司	罗元春	北京德益达世

续表

证书编号	发证日期	单位名称	法人	网站名称
国 A20150007	2015/12/17	北京融贯电子商务有限公司	姚晓菲	我的医药
国 A20150010	2015/12/28	亳州市药通信息咨询有限公司	徐宏伟	药通网
国 A20150008	2016/3/4	泰州中国医药城华药电子商务股份有限公司	王悦	网上医药城
国 A20060001	2016/5/20	中国通用医药电子商务有限公司	高渝文	中国通用药网
国 A20110001	2016/8/8	上海伊邦医药信息科技有限公司	钟毅	药房网
国 A20160002	2016/8/8	食药网（北京）科技发展有限公司	孔少楠	药安商城
国 A20160004	2016/8/8	武汉华中药吕交易有限公司	高美娟	华中药品交易中心
国 A20160001	2016/8/8	成都天地网信息科技有限公司	龙兴超	中药材天地网
国 A20160003	2016/8/8	叮当快药（北京）科技有限公司	杨益斌	叮当快药网
国 A20160002	2016/8/10	民生医药配送中心有限公司	邹晓亮	民生医药网
国 A20160007	2016/8/30	闻康国际（重庆）科技有限公司	郑早明	闻康医药
国 A20140002	2016/8/30	成都药王科技股份有限公司	何思德	药品终端网
国 A20160006	2016/8/30	成都搜搜电子商务股份有限公司	谭杰	搜搜医药网
国 A20160010	2016/10/27	山东满豆信息科技有限公司	王静	汇药网
国 A20160012	2016/11/11	广州速道信息科技有限公司	张步镇	药师帮
国 A20160011	2016/11/11	绿金在线电子商务有限公司	张文军	绿金在线
国 A20160009	2016/11/17	厦门微晟互联网科技有限公司	黄伟	全药通
国 A20150006	2016/11/24	四川紫竹叶健康科技有限公司	郭三旭	药泰网
国 A20160013	2016/11/25	北京恒通互联信息技术有限公司	吕洋	药便宜
国 A20160015	2016/12/19	山东百康云网络科技有限公司	靳晨	百康云健康网
国 A20160014	2016/12/19	深圳国裕网络科技有限公司	张瑾	国裕医药在线
国 A20160008	2017/1/13	北京星汉博纳医药科技有限公司	邱中勋	药兜网
国 A20170001	2017/1/20	环球百通（北京）国际贸易有限公司	李莉	寻源网
国 A20170002	2017/2/10	康宁益生医药科技有限公司	赵桂英	好药商
国 A20170004	2017/2/23	骏源（北京）科技发展有限公司	王江源	药安心
国 A20140004	2017/3/3	玖玖叁玖网络技术（北京）有限公司	刘波	健康资讯网

续表

证书编号	发证日期	单位名称	法人	网站名称
国 A20170006	2017/3/28	广州市乐商软件科技有限公司	焦宇	易润药
国 A20170007	2017/5/3	湖北物行易购网络科技有限公司	罗必钱	物行医购
国 A20170001	2017/5/15	北京先锋寰宇电子商务有限责任公司	孟岩	药城
国 A20170008	2017/5/27	广州星域信息科技有限公司	谢方敏	星域医药商城
国 A20170002	2017/5/27	合肥快易捷医药电子商务有限公司	尹正文	快易捷药品交易网
国 A20160005	2017/6/1	北京宏承吉佳科技有限公司	张新成	医械平台网
国 A20170005	2017/6/2	济南鹏振医药科技有限公司	徐鹏	长和医药交易平台
国 A20170015	2017/7/13	玖玖叁玖网络技术（北京）有限公司	周吴	健康资讯网
国 A20170003	2017/2/10	山东国康数据科技有限公司	郑剑波	国康大健康

可以看出，最早获得医药电商国 A 证书的为海虹医药电子商务网，是国内起步较早的医药招标系统和电子商务系统服务商。另外，从颁布年份来看，2015 年之前，A 证企业获批数量并不多，也从侧面印证了 B2B 医药电商直到近几年才开始进入成长期的判断。如图 2－1 所示。

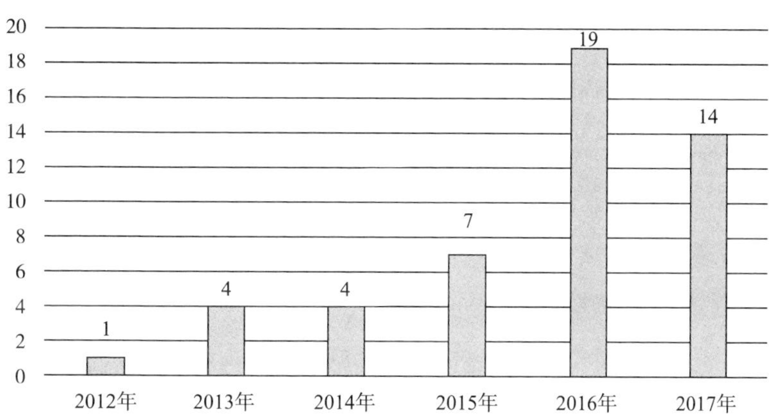

图 2－1　历年获批 A 证企业数量

传统流通企业自建、电商入局、创新型互联网公司，这三类平台有何不同？从企业的数量上看，传统企业自建的电商网站最多，然后是创新创业的互联网公司，阿里巴巴、京东这样的电商巨头设立或参与的公司。但从活跃度上看，还是以创新创业型公司为主。

尽管三类企业提供的服务有一定的相似性，但是略有差异。B证企业主要以经营自有品规为主，A证企业则为综合性平台，在品规上更有优势。另外，传统流通型企业进入B2B医药电商领域是为了卖自己的货，而平台型企业期望做产业链和生态，服务医药供需链各个环节，成为行业的黏合剂。

在具体的业务上，B2B医药电商在业务上相较于传统的电话采购模式并没有多少创新。B2B电商本质上是一个互联网工具，它有互联网工具的特点，就是“节约成本，提高效率”，打破了过去电话报单的模式，与企业信息系统直接打通。医药采购本身不是一个低频行为，这些转变都能为其带去便利和效益。

正是这种便利性，使得行业对B2B医药电商的接受程度越来越高，B2B医药电商的规模持续走高，在整个药品流通行业所占的比重亦持续提升。

商务部市场统计司从2015年开始，在药品流通行业公报中加入“医药电商”专门章节，统计全年医药电商企业的数量、市场规模及在整个药品流通行业占比情况。

按不完全统计，2016年医药电商直报企业销售总额达612亿元。其中，B2B业务销售额576亿元，占医药电商销售总额的94.2%；B2C业务销售额36亿元，仅占医药电商销售总额的5.8%。B2B网站活跃用户达27万，平均客单价3652元，平均客数为791个。B2B日出库完成率98.4%，平均费用率为16.5%，远超行业平均费用率。如图2-2所示。

在市场成长性上，业内人士均做出了乐观估计。理由是现在B2B医药电商服务的对象多为药店、诊所、民营医院等，在用药规模上尚不是医药终端的主力。未来如果医药市场化程度进一步提高，B2B医药电商进入公立医院医药采购，市场规模将进一步扩大。

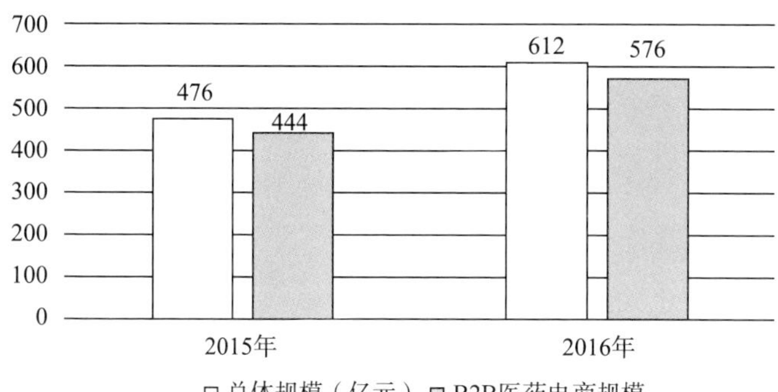

图 2－2　2015—2016 年医药电商情况

当然，B2B 医药电商渗透的领域以前述用药终端为主也有原因，一是其本身采购的灵活性高，愿意尝试 B2B 医药电商这一新渠道；二是 B2B 医药电商能够解决其采购存在的问题，完善其医药供给链。

这两个原因对于公立医院同样适用，类似于阳光采购、GPO 采购等，与 B2B 医药电商其实具有非常高的相似性。换句话说，B2B 医药电商可以完全或部分替代这些平台，而这一切尚待公立医疗采购放开。一旦放开，B2B 医药电商的规模将达到数千亿。

二、问题与隐忧：行业生态是破局关键

当前，B2B 医药电商发展的最大难点在于行业的接受程度，传统的医药公司由于既得利益，很容易形成路径依赖。而 B2B 医药电商本身是一个前期投入大、收益低的行业，从投入成本和产出来看，传统医药企业没有做新业务的动力。

在营改增、两票制等政策推行之后，不少医药公司失去了院内等部分市场，主动求变、拓展新业务的意愿加强。而 B2B 医药电商为其带来了出路，或吸引这部分企业加入，或与 B2B 平台合作。

行业接受程度是一个很大的挑战。另外，在服务落地、数据对接等方面，B2B 医药电商要发展起来，需要克服存在的阻力。要进入 B2B 医药电商行业不难，但是真正扎进来，就会发现 B2B 医药电商真正要投入的东西很多，链条长、坑也很多，而收益没有保障。尽管现在资本对 B2B 医药电商十分热衷，但仅靠风险资本，B2B 医药电商很难成长起来，需要找到合适自己的商业模式。

医药电商的法规很早就出台了，而行业才刚刚发展起来就是这个原因——近几年新版 GSP、两票制、医药分开等政策逐步完成，行业生态越来越好，才有了 B2B 医药电商发展的土壤。医药电商的发展与医药

流通的透明度直接相关，透明度越高，则行业发展才会迎来窗口期。

B2B 医药电商涉及工业商业终端里面完整的供应链，包括信息流、现金流、物流等，是一个嵌合型的平台生态。如果这里面的限制或是壁垒没有打破，那么行业就不存在通过电子商务来升级自己的需求，就会制约行业的发展。另外，医药流通本身是一个体量很大，又与人命攸关的行业，所以在政策的试点上走得缓慢谨慎，B2B 医药电商的限制不会被迅速打破。

从医改破局的角度来看，首要解决的问题就是以药养医的问题。医护人员能通过提高体现其劳务价值的收费获得有保障的利益，整个医疗、医药的生态才会健康有序。

在这种大背景下，B2B 医药电商所代表的公开透明的市场竞争同样会给医疗体系带来好处。从另一个角度说，以“医药分开”为代表的医疗体制改革既需要从内部打破，也需要市场的力量来倒逼改革，B2B 医药电商或成为重要助力。

（一）培养消费者认知是医药电商爆发突破口

医药电商的发展首先要解决的就是消费者的习惯和品牌认知问题。很多消费者不知道医药销售还有网上这一渠道，即使知道，也不像快消品一样敢于在网上购买，原因是怕买到假药、品质得不到保障，正品联盟就是要打消消费者的这种顾虑。

根据动脉网《医药电商 2016 年度盘点》的数据，医药电商在我国零售药品市场所占的规模并不大。对标美国，其网上药店（B2C）销售规模占到整个医药零售市场的 35% 左右，我们的数据是 8%。

我国于 2014 年就出台了《互联网食品药品经营监督管理办法（征求意见稿）》，在此促进之下，医药电商的规模也越做越大。按平台性质分类，一类是面向 B 端的药品采购；另一类是面向 C 端的 B2C 业务。

尤以医药 B2C 业务增长最迅速，资料预计，其年均增速将高达 30%。如图 2－3 所示。

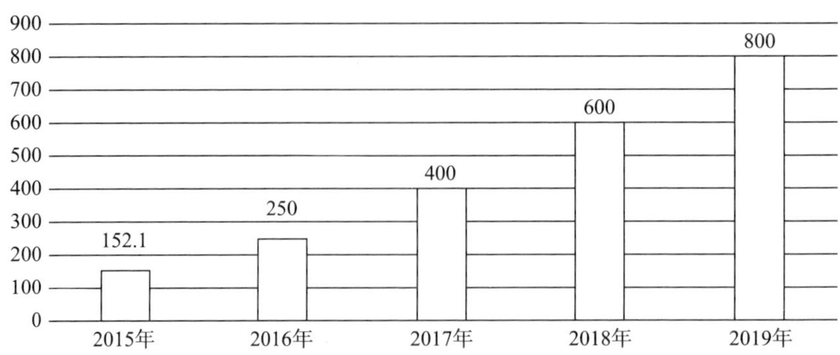

图 2－3　2015—2019 医药电商 B2B 市场规模

这也可以从几家医药电商的公开经营数据得到印证，被上市公司控股的医药电商半年报数据显示，康爱多、好药师、可得网、仁和药房、泉源堂等 2016 年上半年营业收入均已超过亿元，医药电商正式进入“亿元时代”。

虽然数据很好，但是相较于其他行业，医药电商还有很大的发展空间，医药电商企业要做的就是使消费者认识到这一渠道，并提供最好的服务，对消费者进行教育，把医药流通电商化规模做到 15% 以上。

（二）政策：等风来

医药电商市场倍增的关键就是政策上的突破。众所周知，医药电商完全是“靠天吃饭”，值得注意的是近期电子处方、互联网医院、医药分家、处方外流上的突破给医药电商发展带来了利好。

2017 年 2 月，九州通旗下好药师大药房试点武汉中心医院门诊药房部分药品远程销售配送业务，同时九州通与阿里健康联合，试水网络医院计划；3 月 25 日，新华制药、淄博市卫计委与京东合作，将公立试点医院院内的处方流转至院外的指定零售药房；4 月，国务院禁止医院限制处方外流，患者可凭处方药店购药。

延伸阅读

2017 年 8 月，健客开启了第二十家线下药店，9 月开启了首家 DTP 药房，用户在药房可以买到医院和普通药房买不到的进口肿瘤新药特药，还能享受到比普通药房更加专业的药事服务。

健客买下了广州市白云区景泰医院，布局网络医院，利用该院的处方开具能力，为线上的药品销售提供处方支持，瞄准网售处方药市场。

资本一直是助力医药电商发展的重要因素，当下能够实现盈利的医药电商企业并不多，无论是纯医药电商还是平台类医药电商，或上市公司控股的医药电商，成本和营业收入之间的平衡点很难达到。在此背景下，资本的持续注入能够帮助医药电商企业在前期“活下来”并站稳脚跟。

健客于 2016 年年末拿到了凯欣资本的 1 亿美元的 A 轮融资，创造了国内医药电商行业单次融资的最高金额纪录。据了解，投资方凯欣资本此前曾投资宝信汽车、土豆网、宝尊电商等多家上市公司，投资健客的逻辑也是期望健客在医药电商领域保持高速成长。健客的融资案例说明了医药电商企业在进入一定的发展阶段之后，需要资本的助力才能持续下去，类似于快消品电商和 3C 电商，医药电商“烧钱”能力很强，与资本合作能够更快地获客和培养用户习惯。

三、未来：多元发展赋能医药上下游

当下，不少 B2B 医药电商企业开展了数据服务和供应链金融等服务，试图给 B2B 医药电商带来更多的发展空间和着力点。除了这两点外，B2B 医药电商未来将会是多元化的发展趋势。

供应链金融和数据服务，是 B2B 医药电商应该做的，这两者都是依附于 B2B 医药电商的基础上的。企业有了交易，有了资金流，自然就会做供应链金融服务；平台有了销售数据之后，可以将其作为营销的参考。但是 B2B 医药电商企业在做这两种创新服务的时候，一定注意要跟本身的业务具有协同性，不能本末倒置，这样可以做得好，服务的企业也愿意买单。

（一）药兜网的创新方法

一是 B2B 医药电商和药店相结合，通过在区域内布局药店，使其承担终端配送功能，来完善 B2B 平台的供给网络；二是药店提供智能终端，通过该终端可以实现智能收银、报货、进销存管理等功能，未来还可提供简单的远程医疗服务等，全方位赋能药店。

（二）药品终端网的创新方法

药品终端网 CEO 何思德把创新的方向定在了上游，他认为现在的 B2B 医药电商已经在效率和成本上有了很大的提升，在基础设施齐备的情况下，未来应该有更成熟、更系统性的方案。比如 M2B 模式，即从药厂到终端，B2B 医药电商能够提供包括交易、营销、物流、资金在内的多维服务。

药厂第一需求是把药卖出去，第二需求是影响更多的人来卖，那么在这种需求之下，B2B 则可以为其提供在线营销、内容营销等工具，帮助他们使药品更快地进入药店等终端。如图 2－4 所示。

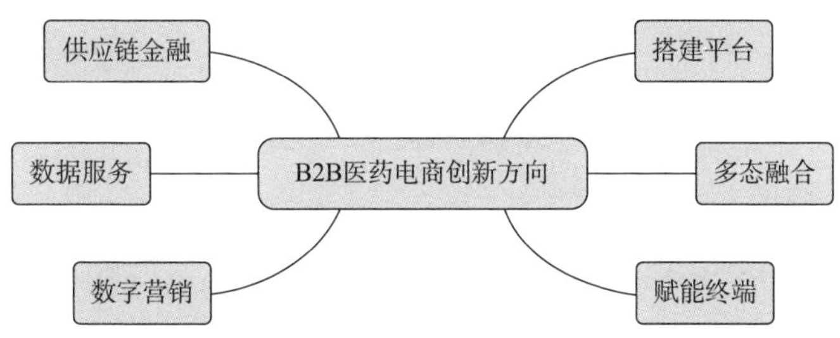

图 2－4　B2B 医药电商创新方向

当下 B2B 医药电商应该做营销网络的搭建，但是未来 B2B 平台应该围绕药店怎么把产品卖给消费者。因为未来社区门诊、药房会承载更多的医药服务功能，比如围绕周边人群做慢病管理，以及一些不需要到医院进行的医疗医药服务。那么，B2B 作为一个服务平台就应该关注这一变化，为其提供满足客户需求的工具，帮助药店获客及留住客源。未来几年，医药电商行业会有融合的趋势，B2B、B2C、O2O 的界限将不明显，“行业的龙头将同时具有这几种功能”。

综上，从现状、政策、问题、趋势等角度分析了 B2B 医药电商行业。如果用一个词语来形容这个行业，方兴未艾是最恰当的。既有政策所致的起伏，也有参与企业的孜孜探求，在从业者的期冀之下，这个行业的拐点悄然而至。

延伸阅读

王海平创办的药药好，一家起于浙江的医药B2B电商，致力于用互联网手段让医药工业企业更易触达下游医药终端，用创新方式帮助医药终端解决药品供应、仓配管理，建立医药产业链资源共享平台。

登陆月球

1969年7月20日，尼尔·阿姆斯特朗（Neil Armstrong）和伯兹·艾德林（Buzz Aldrin）踏上了月球表面。在登陆前的几个月，阿波罗11号的航天员都是在美国西部一个类似月球的沙漠里受训。

当地也是美国原住民部落的居住地，有一个故事，讲的是航天员有一次碰到当地人的情形。当地人得知宇航员要前往月球，即恳求宇航员背熟一段给月亮神的嘱托，宇航员们开始不明白这句话的意思，辗转找到翻译之后得以破译。

当地人带给月亮神的嘱托是："不管他们说什么，都不要相信，他们只是来偷走您的土地。"

后来阿波罗11号终于还是在登陆地点插上了美国国旗，就像最先登陆美洲的西班牙人所做一样。

把这个故事放到这里，因为它与今天的商业生态充满相关性。抱守传统不放的生意人对应土著，使用互联网工具"火箭"的创新企业即为宇航员，而待开垦的新大陆除了已经有人占领但尚未形成势力的"美洲"外，增量市场或可视为"月球"，一一对应，若合符节。

王海平的"远征"起于2013年。当年9月，清华大学EMBA教授专家团队、EMBA学员电商创业团队、药药好创始人团队，在清华大学进行了研讨会，专题讨论了关于医药行业能否利用互联网思维、工具、平台对行业的供应链进行优化变革，打掉那些长期依附在产业链上不合理的多余的部分。会上众人一致认为，医药行业完全可以用“传统行业的经验＋互联网的思维”对行业进行彻底的变革。

在医药行业从业多年，王海平对医药市场环境的熟稔在这里起了作用。“我们对医药市场进行了系统的梳理，4000 多家药企，绝大多数没有很强的营销团队；1.35 万家代理企业，小规模企业占到 90% 以上，大型流通企业如国药、上药、九州通等基本上是专注院内渠道；用药终端含医院、基层医疗卫生机构、门诊、药店等。”

王海平表示，传统的药品供应链过于冗长，药品从工业企业到达消费者手上需要四五层代理，一些小型的代理成本高昂，需要提价 10 个点以上。“终端卖药想不贵都难，这里有些过程是可以打掉的，我们通过互联网的方式简化流程，也避免了多级加价的问题。”如图 2－5 所示。

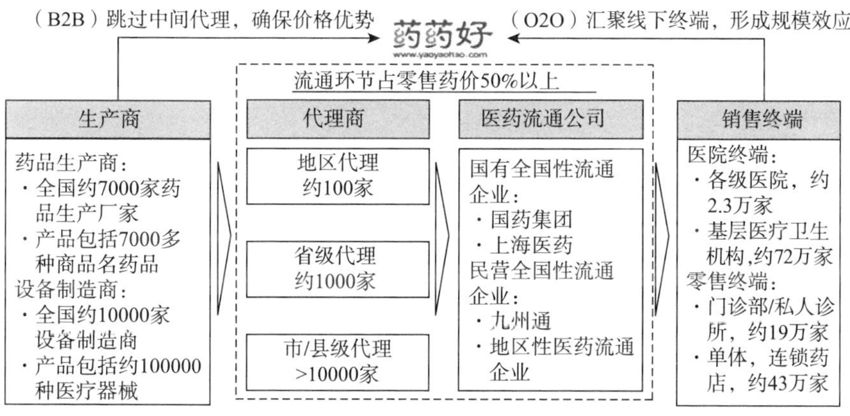

图 2－5　医药产业链

这是否意味着药药好最初的目的是为终端的消费者服务。王海平表示，砍掉不必要的代理，实际上对医药销售终端亦有好处，能够节约采购的成本，砍掉部分的加价有几个分配途径，药企、分销、零售、消费者都可以从中受益。

“这不是一个零和博弈过程，医药电商的本质是提高效率、节约成本，我们利用药药好交易平台打掉的是原有不应该存在的溢价，对行业的整合作用大于重塑。”王海平认为药药好最终的目的是改变流通、配送的传统商业模式，以量换价，以效率换份额，主导对既有利差分配机制的变革，打开潜在的盈利空间，存量变增量。

一池春水

商业故事从来不是千篇一律，每个新兴项目的走通常常伴随着不解与碰撞，药药好创业路亦然。

“我们是2014年开始创业的，当时工业和零售企业对医药电商的接受意愿不够，我们常常需要大量的解释工作才能保证业务在某地实施，有时候甚至会遇到直接把我们拒之门外的。”王海平回忆，在药药好创办初期，其业务团队顶住了不小的压力。

机会永远留给等待和忍耐的人，到2016年，医药产业链上下游对医药电商的接受程度越来越高，开始有工业企业和零售连锁主动找到药药好，要求与之合作。

王海平认为，市场态度的转变主要有两个原因：一是政策的推动；二是医药产业链上下游开始主动求变。

从政策方面看，“互联网+”战略、“电子商务促进政策”“医药流通十三五规划”等对医药电商持鼓励态度。比如“医药流通十三五规划”就提到，要推动移动互联网、物联网等信息技术在药品流通领域广泛应用，鼓励企业开展基于互联网的服务创新，丰富药品流通渠道和发展模式。

从医药产业链来看，近几年可谓是医药“大变革”时代。对工业企业来说，“医保控费”“营改增”“94号文”“两票制”等迫使药企转变营销思路，触达消费者的渠道也发生了很大变化。对零售企业来说，行业集中度逐渐提高，对药事服务的需求越来越大，提高对供应链的议价能力，成了零售企业发展的动力来源，尤其是连锁企业，既要思考行业的竞争，又要不断调整供应链整合能力，以提升外延扩张的实力储备。

药药好正是找准了医药供给端和需求端的诉求，并以平台化方式实现价值匹配。

“归集零售端的需求能够提升其对上游供应商的议价能力，同样，把需求集中起来，能够解决医药工业分销的问题，药药好所做的是供求匹配和业务撮合，并由此发展出更丰富的服务，包括供应链金融、ERP 药店管理系统、需求定制等。”王海平对动脉网表示，药药好的业务逻辑是协同、共赢。

截至 2016 年 12 月 31 日，药药好按法人客户统计注册数达到 11129 家，总计覆盖约 13 万家终端门店，约占中国药店总数的 30%。

华东、中南、西南是药药好业务布局的重点，明星合作伙伴包括一心堂、老百姓、漱玉平民药房这样的上市连锁龙头，药药好已经成为其药品采购的首要选择。

从供应链来看，截至 2016 年 2 月，药药好已与包括阿斯利康、拜耳医药、辉瑞制药、云南白药等 1000 余家国内外知名医药工业企业建立了产品销售战略合作关系，经营品规达 10000 余种。

外界鲜知的是，药药好已在杭州萧山国际机场物流园区建立了 20000 平方米的标准化仓库，另有 50000 平方米的现代化仓库正在建设中，未来还将在各个大区通过自建或合作的方式建立区域中心调配中心，保证仓储、配送的高效和高触达率。

上通下达，药药好已经搅动医药流通这一池春水

2017 年开始，王海平即主推“药合赢”的项目。该项目的描述为：“药药好借助于从事医药工业、商业 30 多年行业背景，整合优势资源，

并依托药药好云技术平台，实现渠道多元化，利用医药行业大数据分析，搭建医药行业上下游一体平台。”

具体方式为，终端以现金入股的方式入资药药好，药药好以终端全年采购协议量为标准，划定入资标准。该项目如果成功，或在短期内提升药药好竞争力及资源、资本聚合优势。

“共建大数据时代的医药互联网生态圈；共享互联网时代带来的红利；共赢资本市场带来的丰厚回报。”王海平将该项目描述为医药电商B2B的新航母。

第三章 医药电商市场环境及竞争态势分析

一、医药电商抢滩布局医疗

（一）新业态显现，业务边界消失

医药电商企业不仅仅局限于药品的网上批发和零售业务，还积极探索互联网医疗、O2O、新零售、供应链服务、智慧医疗等新模式。医药电商与医疗服务及医药供应链服务的融合趋势明显，对产业链的渗透更深。

先是医药电商的“医＋药”。2017 年，阿里健康、健客、七乐康等医药电商都在医疗服务业务上做出了尝试。

阿里健康在医疗方面的布局包括：2017 年 3 月，入股万里云，构建医学影像大平台；2017 年 4 月，与武汉市中心医院共建湖北省首家省级互联网医院，推动医院向智慧医院转型；2017 年 7 月，正式发布医疗 AI 产品“Doctor You”，用科技赋能医疗；2017 年 8 月，发布常州区块链医联体，将区块链技术应用于医联体底层技术架构体系。

作为阿里集团在医疗健康领域的旗舰平台，阿里健康核心业务包括医药电商、智慧医疗、产品追溯、健康管理等，其目的是打造大平台和基础设施，其一举一动对行业有样本性意义。

健客，国内起家最早的一批医药电商，在2017年大范围布局线下。3月，完成收购广州景泰医院，探索互联网医院模式，承接处方外流；6月，宣布收购武汉雄楚中西结合医院，西南中心正式落户重庆，并拟筹建互联网+慢病管理医院，与海南省琼海市政府签约，在博鳌乐城落地国际云医院项目；9月，收购杭州长安医院，医疗布局触达华东。

不仅是医疗机构，健客还通过药店、DTP药房等来强化线下实体。健客强化线下的逻辑是，线上线下一体才能全面满足不同消费者的需求，为消费者提供优质的医疗服务和医药供给，构建"智慧医疗服务"闭环。

七乐康亦在积极布局医疗业务。2017年6月，七乐康宣布推出"10亿医生创业基金"，为在七乐康互联网医院上的执业医生提供资金、场地、人力等一系列支持，帮助其获得更丰富的创业资源，以更轻松的方式走上自由执业道路，最大化实现医生价值。该做法也是移动领域对医生群体最大的创业辅助计划，对七乐康持续扩大链接的医生资源或有帮助。

医药电商抢滩布局医疗，背后既有业务发展诉求，亦有利益诉求。医和药之间天然的相关性，使得互联网医疗和医药电商的边界正在消失，以满足消费者需求为目的的业务模式正在构建。

O2O、新零售、DTP、处方共享等新模式亦有部分公司试水。O2O方向，快方送药于2017年6月发布了智能药店系统，拟为零售药店提供信息化解决方案和配送服务，"赋能"零售药店，并开启全国扩张计划；叮当快药则于8月推出AI机器人、智能售药机、智慧药店3.0系统，并揭牌"智慧药房"。

"新零售"亦是医药电商重点发力的方向，充分利用大数据分析，挖掘消费者的需求和消费倾向，通过商品组合、商品推荐等模式，既能有效挖掘消费者的需求，亦对提升平台流量、用户黏性等有非常好的效果。综合而言，医药电商应用新技术，广泛布局线上和线下，医药电商业务的边界正在消失，各业态融合趋势明显。

（二）“小闭环”的方式打造护城河

2017 年 2 月，国务院发文取消医药电商 B、C 证审批，意味着从 2005 年开始执行的医药电商政策开始出现松动，医药经营企业、零售药店进入医药电商门槛变低，“掘金”医药电商将更加容易。

据动脉网对医药电商市场情况的梳理，B2C 医药电商基本可以分为三大类：上市公司系、非上市公司系、医药 O2O。如图 3－1 所示。

图 3－1　网上药店一览

其中，上市公司系多出于医药经营企业，包括阿里健康大药房、仁和药房网、好药师、康爱多、同仁堂等；非上市公司系包括健客、七乐康、1 药网、八百方等；医药 O2O 较知名的两家亦有上市公司背景，叮当快药背后是仁和药业、快方送药背后是步长制药。

从融资情况来看，活跃的医药电商均融资颇多。其中，1 药网以累计融资超 15 亿元夺冠，健客、七乐康等均融资超过 10 亿元，两家医药 O2O 企业融资相近，约 3 亿元人民币，其他如云开亚美、九九维康、360 健康等亦有不菲融资。如表 3－1 所示。

表 3－1　医药电商融资情况一览

名称	最新融资	金额（默认人民币）	累计融资	投资方
1 药网	2015/10/16	D 轮 10 亿	超过 15 亿	不祥
健客	2017/5/15	A＋轮 5000 万美元	约 10 亿	Asia-pac eCommerece、火山石资本、PG A 基金
阿里健康	2014/1/1	战略投资 1.7 亿美元	不祥	阿里巴巴、云峰基金
健一网	2014/6/1	A 轮 3 亿	3 亿	上海国际创投 SIGVC
云开业美大药房	2016/1/1	A 轮数千万美元	数千万美元	北极光创投
康爱多	2014/9/1	3.5 亿被并购	3.5 亿	太安堂
七乐康	2017/2/15	C 轮未透露	超 10 亿	中卫基金、红杉中国、分享投资
九九维康	2011/6/13	B 轮数千万	不超过 5000 万	红杉中国、海通开元
快方送药	2017/4/18	C 轮 6000 万人民币	约 3 亿	步长制药
叮当快药	2016/12/29	A 轮 3 亿人民币	约 3 亿	同道资本
泉源堂	2015/10/19	IPO 上市 5000 万	不详	/
360 健康	2016/7/19	A 轮数千万	数千万	软银中国

从 2009 年到 2016 年，七年时间，医药电商市场可以说已经成熟，标志是各家医药电商均开始告别基础设施搭建和价格战陷阱，基本实现收支平衡和微利。

据动脉网对上市公司系医药电商财务数据梳理，2016 年有 5 家医药电商实现了盈利。如表 3－2 所示。

表 3－2　上市公司系医药电商财务数据一览（注：好药师为除税前数据）

公司名	关联上市公司	2016 年营收（元）	净利润（元）
康爱多	太安堂	13.3 亿	886 万
好药师	九州通	10.6 亿	1895 万
可得网	康恩贝	6.55 亿	1096 万

续表

公司名	关联上市公司	2016 年营收（元）	净利润（元）
泉源堂	泉源堂	4.75 亿	498.3 万
仁和药房网	仁和药业	3.95 亿	357 万
护生堂	乐普医疗	3915 万	/

政策放开、巨额融资、实现微利，可以判断医药电商正处在一个最好的发展周期，行业独角兽隐现，以扩充医疗为触角，加速多元化经营这个进程。

互联网领域一个著名的规律是“7：2：1”定理，即行业第一名占据 70% 的市场，拥有绝对的优势地位；行业第二名拥有 20% 左右的市场，还能时不时在某些细分市场挑战第一名；剩下的小厂家分食垂直市场，也能生存下来。

其原因在于互联网技术或产品可以大规模复制，复制越多，边际成本越低。所以，领先者总是投入巨资进行研发，以维持技术或产品优势。但技术的进步最终的受益者将是小企业，所以小企业也能活下来，并且活得很好。

虽然医药电商同处于互联网领域，但它与其他领域很不一样，即使是同为电商，医药电商的高专业性和产品非标化也决定了这个领域没有赢者通吃，“7：2：1”定理可能在此并不适用。所以，各家医药电商均以构建自身“小闭环”的方式打造护城河，沉淀尽可能多的市场。

（三）药 + 医各显神通

1 药网的医疗之路最早可追溯至 2014 年 8 月，在 PC 端上线“易诊”频道，同时在移动端发布“易诊”APP。“易诊”的定位是轻问诊平台，可进行图文问诊，由 1 药网自建或合作的医师、药师团队为用户提供在线医疗服务。

1 药网布局移动医疗的原因在于有主站移动端 APP“1 号药店”（当时 1 药网尚未更名）的成绩作为背书，2011 年推出的 1 号药店 APP 在 2014 年一度曾排到苹果商店（Apple Store）医疗类别下载量前三，远超同类医药电商。有了主站 APP 的成功，加上 2014 年移动医疗/互联网医疗风口出现，1 药网即大力发展移动端医疗。

之后，1 药网在医疗方面的重心转移到互联网医院建设上。2016 年 4 月，1 药网母公司岗岭集团与黄冈市中心医院签订合作协议，宣布共建黄冈市互联网医院；同月，岗岭集团与贵州省共建西南互联网医院。打通电子处方和药品配送，7 月 8 日，岗岭集团与广州市越秀区中医院签署合作协议，宣布成立华南互联网医院。同时，以上几家互联网医院的医疗资源与 1 诊和 1 药网打通，可实现诊疗到购药的闭环。

2016 年 8 月，1 药网还与春雨医生达成合作，双方互换入口，在业务上进行深度合作。

在整体打法上，岗岭集团确定了 1 药网、1 诊、1 号药城（成立于 2015 年 12 月，B2B 医药电商平台）的“三驾马车”打法，构筑了从医药流通到医药零售及在线问诊的闭环。

七乐康创立于 2010 年，先后经历了三次转型，目前业务涵盖互联网医院、移动医疗、医药电商、连锁药店四个核心板块。七乐康在医药电商领域的多年积累，使其在 2015 年正式进军移动医疗领域后获得了更大的产业链优势，得以形成“医患药”闭环模式。

2015 年 8 月，七乐康上线“大白云诊”APP，正式进入移动医疗领域。宣布进军移动医疗后，七乐康完成了 1 亿美元 B 轮融资，为移动医疗布局补足了资金；同时还拉来姜海东担任 CEO，姜海东先后供职于亚马逊、京东、乐蜂网、唯品会，拥有多年互联网及电商运营经验。

2016 年 5 月，大白云诊更名为“七乐康医生”，定位于慢性病诊疗和管理，通过医生端帮助医生完成患者管理、医患交流、电子云病例、诊后随访、用药推荐等多项服务，通过用户端为上千万大众用户提供在线问诊、智能分诊、预约挂号、用药咨询、体检预约、处方查询、诊疗支付等医疗服务。同月，七乐康与广州市荔湾区卫计委、广州医科大学附属第三医院荔湾医院（前身为“广州市荔湾区中心医院”）合作建立荔湾七乐康互联网医院。2017 年 3 月，七乐康还宣布启动银川七乐康互联网医院的建设，在优化供应链、建设现代化物流基地、第三方检测机构合作、引入商业保险等方面发力，探索“医、药、检、险”复合型发展模式。

据七乐康对外公布的最新数据，目前七乐康互联网医院已吸引 31 个省份、超过 300 个城市全国近四分之一的医生加入。

2017 年 6 月，七乐康宣布推出“10 亿医生创业基金”，为在七乐康互联网医院上执业的医生提供资金、场地、人力等一系列支持，帮助其获得更丰富的创业资源，以更轻松的方式走上自由执业道路，最大化实现医生价值。该做法也是移动领域对医生群体最大的创业辅助计划，对七乐康持续扩大连接的医生资源有很大帮助。

阿里健康由港股“中信 21 世纪”更名而来。2014 年年初，阿里巴巴联手云锋基金对中信 21 世纪进行超 10 亿元的巨额注资，成为其控股股东，拿到中信 21 世纪拥有的 95095 第三方医药电商试点资格和药品电子监管码。

2015 年 3 月，阿里健康官网上线，并推出包括医药、医疗业务在内的四大平台，即阿里健康云医院平台、阿里健康移动 APP、阿里健康云平台和药监码系统。目前，阿里健康开展的业务主要集中在医药电商、产品追溯、智慧医疗、健康管理等领域。

阿里健康的互联网医疗之路与阿里巴巴密不可分，在阿里健康成立之前，阿里巴巴即推出了“未来医院”计划，覆盖“北上广深杭”等重点城市。之后，阿里巴巴国际医学、东华软件在杭州陈述合作协议，宣布将共建互联网医院、大健康数据平台和商业云平台。

阿里健康网络医院上线之后，全国范围内已有 10 余家实体医院

（武汉市中心医院、西南医院、枝江市人民医院、枝江市中医院、奉节县人民医院等）入驻了阿里健康互联网医院平台，并设立网络诊室，专人专岗值守，满足患者在线问诊需求。2017 年 4 月，阿里健康和武汉市中心医院达成合作，建设湖北省首家互联网医院。

阿里巴巴旗下的其他平台也参与了阿里巴巴在医疗方面的布局，如 2016 年 7 月，阿里钉钉宣布进军移动医疗行业，并签订了首个社区医疗合作垂直项目；2017 年 3 月，阿里云在云栖大会上推出 ET 医疗大脑，瞄准甲状腺、肺癌等高发疾病，提供风险防控、辅助诊疗等服务。同时，ET 医疗大脑还将在医学影像诊断、精准治疗方案、药效挖掘、新药研发上发力。

整体而言，阿里健康在医疗方面的布局承载着阿里巴巴“Double H”战略（Health and Happiness）中健康部分的落地。以构建底层技术和应用平台为主，服务于医健产业，同时与阿里系其他公司医疗布局进行协同（蚂蚁金服、钉钉、阿里云等），共同打造医疗医药联动的生态型平台。

2017 年 3 月 8 日，健客首家互联网医院落户广州市白云区，健客通过收购白云区景泰医院完成了互联网医疗建设的第一步。

广州白云景泰医院是一家于 1997 年由广州市卫生局批准设立的非营利性医疗机构，也是一家集社区医疗、预防、保健、康复、科研为一体的综合性社区一级医院。目前，该院是广州市医保定点医疗机构，现有定点医疗患者 6000 余人，年平均门诊诊疗人数近 10 万人次。

健客拿下白云区景泰医院的目的在于：通过与社区医院探索互联网医院模式，更直接地为社区群众提供互联网医疗服务，同时托管医院药房，做好处方外流的准备。

社区医院或诊所，日均药品单量 200 ~ 300 单，药品销量有限，药品采购的主导能力不强，很多药物缺失。而健客运营医药电商多年，在药品供应链上有足够的优势，能够全面满足社区医院的用药需求，补齐他们的短板。

据动脉网体验获悉，白云区景泰医院的医生已经在健客移动医疗APP“健客医生”上接诊。可以预见，健客医生将利用更多的外部医生和旗下医院的医生资源，丰富移动医疗的医生资源。

继白云区景泰医院之后，健客又拿下武汉雄楚医院，该医院为医疗教学、科研、预防等为一体的中西医结合特色医院，重点发展了老年慢病康复、保健、医养结合等业务。之后，健客将依托该医院实体，与其在武汉的运营中心进行资源对接。

除了直接收购外，健客在重庆和海南两地又采用了自建的方式来搭建实体医院。

2017 年 6 月 22 日，健客与重庆政府签署合作协议，宣布将在重庆九龙坡区筹建互联网 + 慢病管理医院。该项目总投资 2 亿元，主要提供慢病在线问诊、健康服务管理、移动医疗等多元慢病医疗服务，具体包括门诊、住院诊疗服务，健康教育、基本公共卫生服务，核心项目是常见慢性疾病管理、常见慢病疾病康复，以及与区内、市内医院双向转诊。

2017 年 6 月 29 日，健客又与海南省琼海市政府签约，宣布将在博鳌乐城国际旅游先行区建设健客海南国际云医院。健客国际云医院项目的核心业务将是生殖辅助、运动医疗及肿瘤治疗等慢性病康复治疗。

健客海南国际云医院将依托健客和凯欣资本的资金优势、互联网技术应用优势、医药资源优势及慢病管理经验优势，整合包括哈佛大学、耶鲁大学等在内的国际领先医学资源，建成集治疗、康复和科研于一体的综合性国际高端医疗机构。

值得一提的是，健客海南云医院项目参与者还包括健客 A 轮融资投资方凯欣资本，这也说明投资方对健客互联网医疗模式的认可。

综上，中小医院、实体、慢病管理是健客互联网医院的核心竞争力，收购、自建是健客布局互联网医疗的关键词。

（四）药+医启示录

医药电商兴起于2010年前后，互联网医疗/移动医疗大热是2013年，两者在2014年开始结合，到2017年形成井喷。现阶段虽然医药电商政策松绑，行业迎来发展机会，但是横亘在医药电商头上的处方药网售限制问题远未解决，由互联网医疗拿到电子处方，拿到处方药的销售资格，是医药电商进军医疗的最终目的。

医药最大的市场是处方药，目前都在医院里面，未来外流已经是一个方向，但购买处方药必须凭处方，这个政策是不会改变的，所以拥有医生就能拥有处方权，也就能控制药的销售。

当然，现阶段而言，医药电商涉足互联网医疗还处在“以药养医”的阶段，从医疗到医药销售的转化率很低。短期来看，医药电商自身的流量和用户能够迁移到移动医疗上，培养用户的在线医疗习惯；远期来看，医疗/医药之间的闭环形成之后，或形成联动效应，前景值得期待。

另外，从互联网医健产业整个领域来看，既有医药电商涉足医疗，也有医疗平台涉足医药。比如微医收购金象网，上线“药诊店”参与线下医药零售，以及为各家医药O2O提供远程能力等；再往前一点，好大夫、春雨医生、平安健康等与工业企业和医药零售平台也多有合作。

既有“医+药”，也有“药+医”，互联网医疗和医药电商的边界正在消失，融合趋势明显，无论是大平台还是小闭环，在完成消费者培育之后，均值得期待。

二、B2B 医药电商竞争力评价

我国电商平台主要包括 B2B 和 B2C 两类电商平台。B2B 的市场份额占据绝对优势，过去几年间，其市场占比都在 50% 以上，主要是 B 端的客户群体由医院、基层医疗机构、终端药店构成，采购数量大。但从两者的市场份额占比看，B2C 占比在逐年提高，而 B2B 占比在逐年降低，二者的差距在不断缩小。如图 3－2、表 3－3 所示。

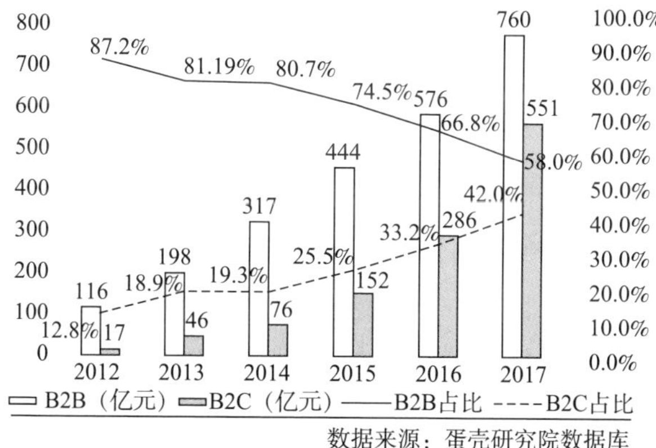

图 3－2　2012—2017 年 B2B 与 B2C 的数据对比

表 3－3　B2B 医药电商竞争力评价指标体系

指标类别	程度	标准	得分
产品经营规模	弱	1 万～5 万	★
	中	5 万～10 万	★★
	强	10 万以上	★★★
融资能力	弱	融资轮次处于 B 轮以前	★
	中	融资轮次处于 B 轮以后，上市之前	★★
	强	已在 A 股、港肌、美肌上市或上市公司下属平台	★★★
产业链整合能力	弱	没有向产业链上下游进行整合	★
	中	向产业链上游供应商整合或向下游零售商整合	★★
	强	同时向上、下游整合，打通供应、经销、零售环节	★★★
综合服务能力	弱	提供单纯的药品交易信息服务	★
	中	提供 SaaS 服务	★★
	强	提供物流配送、供应链金融服务、PBM 服务等	★★★

产品经营规模：产品经营规模主要通过各大电商网站展示的药品种类体现（同种药品不同规格按一种计算），药品种类越多，说明经营规模越大，覆盖的病种和患者人群越多。

融资能力：融资能力的强弱可以说明资本市场或投资机构对电商企业发展前景的认可，融资轮次越靠后，说明企业发展越好。

产业链整合能力：当企业发展到一定阶段后，为了进一步提升规模，会向产业链上下游拓展，整合资源，从而增强对供应商的议价能力和对下游零售商的控制能力。

综合服务能力：医药电商在提供药品交易信息服务的基础上，提供 SaaS 服务、物流配送服务、供应链金融服务等附加服务，为供应商、零售商提供更高附加值的服务，增加平台客户的吸引力。

动脉网通过对主要 B2B 医药电商相关资料的搜集和整理，对 10 家 B2B 医药电商做出竞争力评价，益药购、九州通网、我的医药网、药京采、普天药械网位居前五。如表 3－4 所示。

表 3－4　B2B 医药电商竞争力评价详请

平台名称	企业名称	竞争力评价				总计（★）
		产品经营规模	融资能力	产业链整合能力	综合服务能力	
益药购	上海医药众协药业有限公司	★★	★★★	★★★	★★★	11
九州通网	九州通医药集团股份有限公司	★★★	★★★	★★★	★★	11
我的医药网	北京融贯电子商务有限公司	★★★	★★	★★	★★★	10
药京采	京东集团	★	★★★	★	★★★	8
普天药械网	福建莆田电商投资管理股份有限公司	★★★	★	★	★★★	8
未名企鹅	未名企鹅（北京）科技有限公司	★	★	★	★★★	6
药药好	药药好（杭州）网络科技有限公司	★	★	★	★★★	6
药品终端网	成都药王科技股份有限公司	★★	★	★★	★	6
药师帮	广州速道信息科技有限公司	★	★★	★	★	5
药便宜	北京恒通互联信息技术有限公司	★★	★	★	★	5

（一）益药购

产品经营规模（★★）：60200余种。

融资能力（★★★）：上海医药众协药业有限公司是上海医药下属公司，上海医药同时在上交所和港交所上市。

产业链整合能力（★★★）：

①供应端：上海医药在国内8个省市及海外建有制造基地，包括特色原料药基地、现代中成药基地、精品化学制剂工厂及保健品生产基地，公司常年生产超800个药品品种、20多种剂型，为益药购提供药品供应。

②采购端：上海医药分布在全国16个省区市的零售药房总数达1800多家，旗下上海华氏大药房是华东地区拥有药房最多的医药零售公司。这些零售终端通过益药购平台进行采购。

综合服务能力（★★★）：上海医药成立了上海医药物流中心有限公司，具备适合各类药品及医疗器械的不同储存条件，配送网络覆盖上海乃至华东及全国13个省、1200个县级城市、3000家商业公司、8000家医院和1万家药店，为益药购提供药品配送服务。

（二）九州通网

产品经营规模（★★★）：472800余种。

融资能力（★★★）：九州通医药集团于2010年11月2日登陆上交所，目前总市值为340亿元，位列中国医药商业企业前10强。

产业链整合能力（★★★）：

①供应端：九州通医药集团下设北京京丰制药集团有限公司、九州天润中药产业有限公司等多家药物研发生产企业，包括数十个中西药品

种研发生产，成为九州通网和其他电商平台的药品供应商。

②采购端：九州通医药集团下属全资子公司北京好药师大药房连锁有限公司，目前拥有10万多家合作药店，直接接入九州通网，成为他们主要的采购平台。可见，九州通医药集团已为九州通网打通药品生产、经销和零售环节。

综合服务能力（★★）：九州通网为入驻平台的药品采购商提供数据库建设、采购管理、仓储管理等信息化系统建设，提高企业管理运营效率。

（三）医药网

产品经营规模（★★★）：11200余种。

融资能力（★★）：已完成C1轮融资，前几轮融资总额近10亿元。

产业链整合能力（★★）：发起成立由医药生产企业、医疗机构、金融机构等组成的创新大健康产业联盟（Healthcare Industry Innovation Alliance），让医药工业、医疗机构、连锁药店与患者联系起来，实现药店供应链直采、药店虚拟库存、药店端医生问诊、电子处方药店端流转、处方药非处方药药店直购、病患管理等。

综合服务能力（★★★）：公司自主开发的“菲加云”云医药管理系统，能够为零售商提供基础数据建设、采购管理、仓储管理、销售管理和质量管理，全面提升零售商运营效率。同时，公司推出“药金融”供应链金融产品，根据零售商不同条件设计帮你付、股权质押贷等不同产品，解决药品采购问题。

（四）药京采

产品经营规模（★）：25000余种。

融资能力（★★★）：京东集团为美股上市企业。

产业链整合能力（★）：药京采目前尚未完成产业链上下游整合，但在未来会依托京东集团在供应链的优势逐步打通药品供、销、采环节。

综合服务能力（★★★）：推出“药白条”，为采购商提供“白条”金融服务，最高额度为50万元，30天内免息。同时，依靠京东自有物流体系为药京采平台提供药品配送服务。

（五）普天药械网

产品经营规模（★★★）：201300余种。

融资能力（★）：平台目前融资处于B轮以前。

产业链整合能力（★）：公司目前未完成产业链上下游资源整合。

综合服务能力（★★★）：公司携手标准化健康医疗信息化软件开发商和服务提供商——深圳九明珠信息科技有限公司，为医院提供医学影像管理系统、电子病历管理系统、医院信息化管理系统。同时，公司开发支付结算产品普天宝，为平台用户提供在线支付服务，而且平台优质会员还可以申请协议支付、分期付款、融资租赁等供应链金融服务。

三、B2C 医药电商竞争力评价

表 3-5　B2C 医药电商竞争力评价指标体系

指标类别	程度	标准	得分
产品经营规模	弱	1 万以下	★
	中	1 万～1.5 万	★★
	强	1.5 万及以上	★★★
融资能力	弱	融资轮次处于 B 轮以前	★
	中	融资轮次处于 B 轮及以后，上市之前	★★
	强	已在 A 股、港股、美股上市或为上市公司下属平台	★★★
诊疗服务能力	弱	药师咨询	★
	中	在线挂号、预约医生	★★
	强	在线问诊及开方服务	★★★
附加服务能力	弱	药品配送服务	★
	中	SaaS、慢病管理、健康体验、健康保险服务	★★
	强	通过自建、合建或并购方式成立实体医院	★★★

产品经营规模：产品经营规模主要通过各大电商网站展示的药品种类体现（同种药品不同规格按一种计算），药品种类越多，说明经营规

模越大，覆盖的病种和患者人群越多。

融资能力：融资能力的强弱可以说明资本市场或投资机构对电商企业发展前景的认可，融资轮次越靠后，说明企业发展越好。

诊疗服务能力：医药电商线上提供的服务越多，越能提高对患者的便利性。药师咨询主要解决购药问题，已成为各大 B2C 医药电商平台基础服务。在线挂号、预约医生主要解决诊前挂号排队时间长、专家号难挂的问题，有部分 B2C 医药电商推出此项服务。在线问诊及开方服务主要解决看病问题，只有少数 B2C 电商能够提供此项服务。

附加服务能力：药品配送作为线上购药配套服务，各大电商都能提供。慢病管理、健康体检、健康保险服务作为延伸服务，少部分 B2C 电商能够实现。自建或合建医院，打通“医 + 药”，解决看病和购药问题，极少数 B2C 电商能够实现，大部分还处于探索规划阶段。

动脉网通过对主要 B2C 医药电商相关资料的搜集和整理，对 15 家 B2C 医药电商做出竞争力评价，1 药网、健客、好药师、七乐康、阿里健康大药房位居前五。如表 3 –6 所示。

（一）1 药网

产品经营规模（★★★）：278000 余种。

融资能力（★★★）：已完成 D 轮融资，融资总额累计超过 14.7 亿元。

诊疗服务能力（★★★）：平台母公司岗岭集团与贵州省共建的互联网医院——西南互联网医院，立足于贵州省普定县，直接面向社区基层患者和边远地区患者提供在线医疗卫生服务。患者可以与医生进行电话问诊和视频问诊，可以问诊的科室有妇产科、儿科、内科、外科、中医科、五官科等，医生资源来自于“1 诊云诊所”。该平台已经在上海建立了专职医疗团队 50 人，协议医生集团 500 人，覆盖医生 1200 人，

表 3－6　B2C 医药电商竞争力评价详情

平台名称	企业名称	竞争力评价				总计（★）
		产品经营规模	融资能力	诊疗服务能力	附加服务能力	
1 药网	广东壹号大药房连锁有限公司	★★★	★★★	★★★	★★	11
健客	广东健客医药有限公司	★★★	★	★★★	★★★	10
好药师	北京好药师大药房连锁有限公司	★★★	★★★	★★★	★	10
七乐康	广州七乐康药业连锁有限公司	★★★	★★	★★★	★	9
阿里健康大药房	阿里健康	★	★★★	★★★	★★	9
康爱多	广东康爱多连锁药店有限公司	★★	★★★	★	★★	8
京东大药房	京东集团	★	★★★	★★★	★	8
360 好药	360 健康	★★★	★★★	★	★	8
药房网	仁和药房网（北京）医药科技有限公司	★★	★★★	★	★★	8
八百方	广州八百方信息技术有限公司	★★★	★	★★	★	7
泉源堂大药房	成都泉源堂大药房连锁股份有限公司	★	★★	★★	★★	7
健一网	上海健一网大药房连锁经营有限公司	★	★★★	★★	★	7
金象网	天津启东金象大药房医药连锁有限公司	★★	★	★★	★★	7
开心大药房	江西开心人大药房连锁有限公司	★★	★	★★	★	6
老百姓大药房	老百姓大药房连锁股份有限公司	★	★★★	★	★	6

在广州共享建立了300人的专职药师团队。

附加服务能力（★★）：平台与美年体检形成战略合作关系，通过平台为患者提供中老年体检、青年体检、妇科体检及通用体检服务。

（二）健客

产品经营规模（★★★）：15300余种。

融资能力（★）：完成A+轮融资。

诊疗服务能力（★★★）：推出在线问诊平台——健客医生，患者可根据疾病类型搜寻相关领域专家进行问诊。目前健客已与北京、上海、广州、深圳、天津上百家医院达成战略合作。

附加服务能力（★★★）：推出手机糖宝，对糖尿病患者进行用药管理。同时，健客在2017年先后收购广州景泰医院、武汉雄楚医院、杭州长安医院，以线下实体医院为基础，探索建立互联网医院项目。

（三）好药师

产品经营规模（★★★）：17600余种。

融资能力（★★★）：为九州通下属电商平台。

诊疗服务能力（★★★）：好药师自行研发了方便患者与医生之间视频问诊的远程诊疗系统，依托合作的北京中环肛肠医院，实现了用户在线咨询和处方药用药需求的对接与指导。

附加服务能力（★）：好药师依托九州通医药集团在全国布局的71个医药物流配送中心，为患者提供药品配送服务。

（四）七乐康

产品经营规模（★★★）：15100余种。

融资能力（★★）：目前已完成C轮融资，融资总额累计超过4亿元。

诊疗服务能力（★★★）：2017年3月19日，在银川落地互联网医院，七乐康将与银川本地的医院深入合作且“七乐康医生”APP将成为该项目的唯一官方应用。2017年5月24日，广州市荔湾区政府授权同意广州市荔湾区中心医院与七乐康合作共建荔湾七乐康互联网医院，以荔湾区中心医院作为线下实体医院，打造荔湾区的医联体，同时导入旗下七乐康医生资源和患者资源。

附加服务能力（★）：平台与国内多家物流公司形成合作关系，为患者提供药品配送服务。

（五）阿里健康大药房

产品经营规模（★）：7500余种。

融资能力（★★★）：阿里健康为港股上市企业。

诊疗服务能力（★★★）：阿里通过医疗ET大脑、互联网医院、Doctor you，以及医联体+区块链项目推出的智慧医疗服务。医疗ET大脑作为人工智能在医疗领域的落地应用，能够在虚拟助理、医学影像、药效挖掘、健康管理等多个医疗场景辅助医生进行疾病诊疗。通过与地区中心医院合作的方式共建互联网医院，实现远程医疗，让优质医疗资源惠及更多人群。Doctor you将医学知识和人工智能技术结合，自动识别并标记可疑结节，提高了医生的工作效率，降低误诊率和漏诊率。而常州市医联体+区块链试点，是目前国内第一个基于医疗场景实施的区块链应用。

附加服务能力（★★）：阿里健康依托移动互联网和大数据技术，通过健康管理方案和智能健康设备为用户提供个性化健康管理服务，将检测的消费者健康数据上传至平台，自动形成健康趋势报告，并反馈给消费者和医疗服务提供商，医疗服务商将根据消费者的检测情况提供标准化服务和一系列增值服务。

通过对主要的 B2B 医药电商的竞争力评价看出，大部分企业还是以药品交易信息服务为主，提供 SaaS 服务、物流配送等附加服务。而从 B2C 医药电商的竞争力评价看出，大部分企业处于药品服务阶段，对诊疗服务、慢病管理、健康保险业务涉足很少。但少数代表性电商企业已在转型升级，朝着医药电商 2.0 推进。

如 B2B 医药电商代表医药购在提供药品交易服务基础上，借助上海医药集团资源优势，整合上游药品研发生产企业、下游零售药店资源，打通药品供应—经销—零售环节，并借助集团强大物流配送系统，保证药品配送安全和效率。如 B2C 医药电商代表 1 药网，在网售药品的基础上，发力在线问诊、健康管理等医疗服务，打造“医 + 药”服务闭环。

四、美国医药商商业模式探析

经过数十年的发展，美国的医药商业市场高度集中，在医药分销市场形成了美源伯根、麦克森和康德乐三大巨头，它们占据着分销市场90%的份额。它们的成功得益于先进的商业模式，在药品经销的基础上，向产业上下游拓展，构建全面的增值服务体系，增强了对产业链的黏合度和掌控度。在药品零售市场，形成了美国沃尔格林公司（Walgreen）、美国市场中的药店零售寡头企业（CVS）和来德爱（Rite Aid）三大连锁药店集团，它们占据着药品零售市场80%的份额。

美源伯根在药品分销的基础上完善服务体系，向产业链上下游拓展，为上游制药企业提供药品上市策划、发货管理、商业包装、物流运输等服务。为下游医疗机构提供医疗信息化服务、医药技术咨询、医生教育培训，为药店或超市提供药品采购管理、销售管理、退货管理和货款周转等服务。美源伯根已经成为药品流通全产业链的综合服务商，如图3-3所示。

沃尔格林则打通线上线下销售渠道，线上通过PC网站、移动应用为患者提供药品购买、在线问诊等服务。同时，通过可穿戴设备，收集用户睡眠、运动等方面的数据，并将相关数据上传云平台，免费供入驻平台的健康管理机构使用，为用户提供在线健康管理服务。线下通过

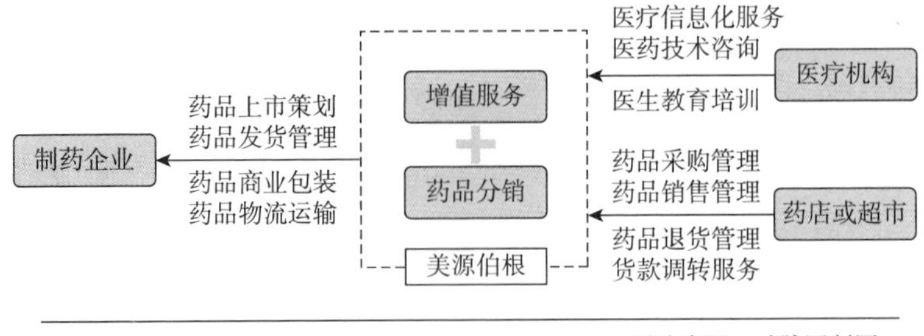

图片来源：动脉网制图

图 3－3　美源伯根的商业模式

8000 多家实体药店提供药品零售服务，通过开设步入式诊所、专业医生定点驻诊，为患者提供诊疗服务。而且设立线下医疗中心，根据医院开具的处方为患者提供家庭注射服务。设立健康服务中心，提供健康检查、疫苗接种等服务，还可以针对企业提供员工健康解决方案。可见，沃尔格林构建了“医＋药”的健康服务闭环生态。如图 3－4 所示。

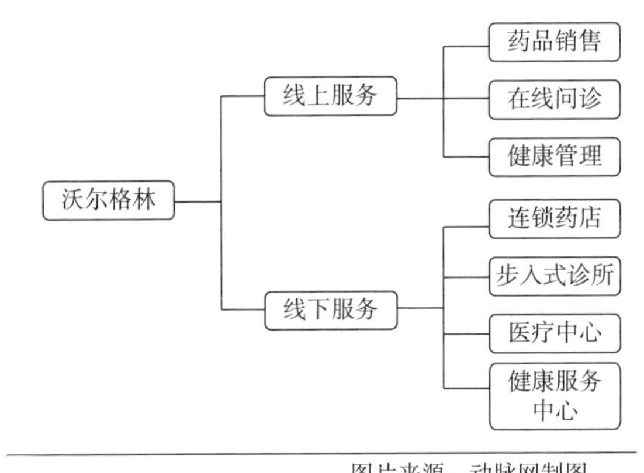

图片来源：动脉网制图

图 3－4　美国沃尔格林公司的商业模式

通过对美源伯根、沃尔格林商业模式的剖析，美国的医药经销商已经在药品经销的基础上，向产业链上下游拓展，提供药品上市策划、库存管理服务、物流配送服务、SaaS 服务、供应链金融服务等。医药零售商在药品销售的基础上，提供在线诊疗、健康管理等增值服务。因此，我国的医药电商也需要进行转型升级，更好地为机构或患者服务。

第四章 新政下医药电商的新机会

一、三证审批取消，医药电商迎来春天

2017年年初，由国务院发布行政命令，取消医药电商B、C证资质审批。同年9月国务院又公布了新一批取消行政许可的事项，其中就包括了备受关注的互联网药品交易服务企业（第三方，简称医药电商A证）审批。

根据商务部市场统计数据，医药电商总体市场规模为1200千亿元左右，其中B2B占到90%以上，常规意义上的医药电商（TOC）仅有不到200亿元的规模。

从行业发展来看，长期制约医药电商发展即为盈利困境，TOB容易上量，但是利润率较低；TOC市场规模较小并存在价格竞争、消费者信任度不高等因素（事实上，多数TOC医药电商盈利来源为非药品，包括器械、保健品、成人用品等）。

正因为如此，医药电商通过融资等资本助力方式争夺市场。据动脉网统计，截至2017年3月月底，累计融资超过10亿元的医药电商企业为4家，融资在1亿元以上的企业为15家，融资轮次在三轮以上的企业为7家。

仅就TOC医药电商讨论，现实压力还来自于网售处方药限制，行

要时间节点。至此，健客全部拥有互联网药品交易服务资格A、B、C三证，成为国内少数三证齐全的医药电商企业。

健客CEO谢方敏表示："三证齐全，标志着健客在医药电商领域的布局进一步完善，这将为健客构建医药大健康服务闭环提供坚实的基础，也将为健客打造最信赖的智慧健康服务平台提供有力支撑。"

三证齐全，健客完善医药电商服务链

健客成立于2006年，是国内医药电商行业的领先者，公司旗下B2C平台健客网目前是国内最大规模的网上药店之一。此次互联网药品交易服务资格A证获批，标志着健客正式拥有互联网药品交易服务A、B、C三证。

目前在我国互联网药品交易服务A、B、C三类证书中，A证含金量最大，不仅需要国家食品药品监督管理总局审批，而且要求标准高、获批难度大。截至A证审批取消之前，全国拿到A证的企业不超过50家。

B证、C证此前为地方局审批，2017年1月国务院正式取消了存在达11年的互联网药品交易B证、C证的审批，进一步降低了企业入行门槛。B证主要是针对B2B平台，拥有企业可与其他企业进行药品交易；C证企业可向个人消费者提供药品，也就是B2C企业。

由于A证获批难度大，不少致力于从事医药B2B第三方平台业务的医药电商企业，为了尽早拿到"入场证"，最后都选择通过收购的方式获得资质。据了解，天猫、平安好医生、未名企鹅等都是通过收购的方式获得了A证。

谢方敏认为，"拿到了A证资质，健客将正式进军第三方交易平台，这将进一步完善健客在医药电商服务链上的布局。目前国内三证齐全的医药电商企业屈指可数，这将大大强化健客在医药电商行业的领导地位，进一步提升健客的品牌影响力和话语权。未来，还将为健客构建医药大健康服务闭环提供有力的平台支撑。”

发展提速健客构建医药大健康服务闭环

健客申办A证拿到第三方平台资质，打造完整的医药电商服务链只是起点，最终目的还是在打造健康服务全平台上。

2017年年初，获得1亿美元A轮融资，同年5月又获得5000万美元A+轮融资，在强大的资本助力下，健客正全力推动公司战略升级。

在医药电商板块，健客升级服务体系，强化用户体验，与礼来、雅培、辉瑞等众多医药巨头达成战略合作，进一步夯实供应链布局。

在互联网医疗领域，健客首个互联网医疗探索项目已落地广州白云景泰医院，还计划在全国布局6家实体医院，全面发力探索互联网医疗。

在线下实体药店上，健客今年拟将连锁药店扩充到50家，目前已在华南地区布局了20多家，同时还计划在广州、东莞等地布局多家DTP药房，现已落地的有5家。

健客已经完全驶入发展快车道，公司正围绕大健康产业链进行多元布局，朝着战略规划中的终极发展目标——智慧健康服务平台全力迈进。

谢方敏表示：“健客正在面向全国进行战略布局，我们既要推进线下线上的融合，又要构建线上线下的自有服务体系，要紧紧围绕患者、医院的医药服务需求，驱动、整合资源，抢占发展制高点，从而构建医药、医疗和健康服务的生态圈体系。”

二、处方外流是新增长点

（一）政策+市场齐发力：处方外流大局已定

处方外流及其带来的千亿元级市场，是当下万众瞩目的焦点。处方外流流转的是处方，原来在医院完成就诊、开具处方、获得药品，现在不再限制处方自由流动，药品由社会药店提供，就诊和药品分离。

处方外流产生的原因是“破除以药养医”机制，让医院回归医疗本质，弱化对处方的“独占性”。医保控费、零加成、控制药占比等政策，是医院有动力放开部分处方最重要的驱动因素，处方外流既是“政治任务”，又是“市场调节”。如图4-1所示。

慢性病用药、新特药、肿瘤药等将成为“首批”流出的处方，不仅能为患者尤其是慢病患者提供便利，对控制医院药占比、降低医院药房运营压力亦有好处。

处方外流将带来药品流通渠道结构调整，对于市场而言，既是存量调整，也是新的增长点。故此，零售连锁药店、DTP药房、院边店、医药电商、互联网+医疗企业等瞄准这一机会，积极进行布局。如图4-2所示。

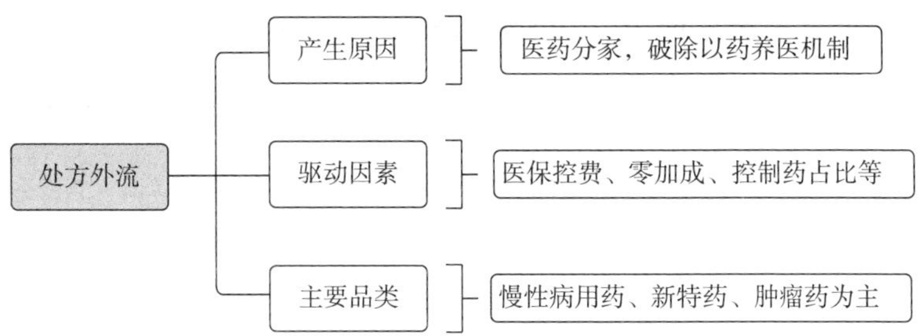

图 4－1　处方外流信息

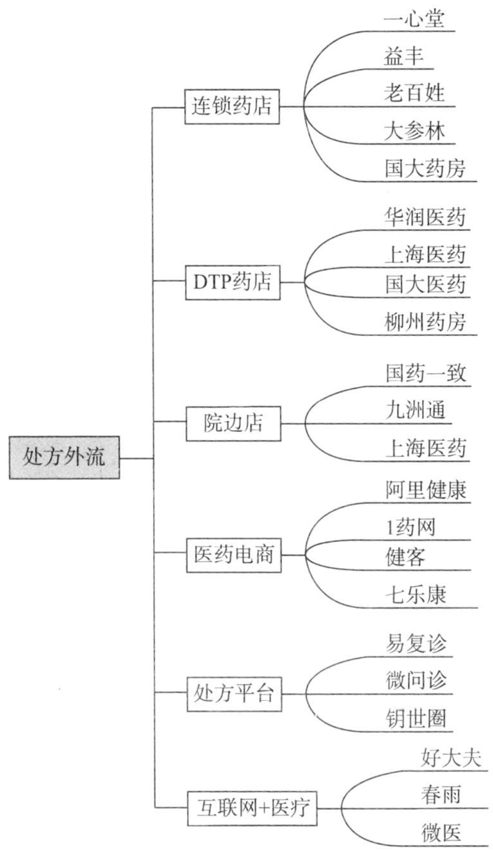

图 4－2　处方外流承接模式及主要玩家

（二）连锁药店最被看好

当下政策对处方外流的主要引导方向是零售药店，如2016年“医改”任务清单指出，禁止医院限制处方外流，患者可自主选择在医院门诊药房或凭处方到零售药店购药。

2017年“医改”任务清单则指出，拟试行零售药店分级管理，鼓励连锁药店发展，探索医疗机构处方信息、医保结算信息与药品零售消费信息互联互通、实时共享。这意味着政策对于药店如何承接处方外流有了更加明晰的方向，会对零售药店承接处方外流在处方来源、医保支付方面予以支持。

正是看到政策的积极风向，一心堂、益丰、老百姓、大参林、国大药房等上市龙头企业积极布局处方外流，强调专业服务能力提升，为处方外流做准备。

如老百姓在董事会经营评述中表示：公司近年来积极推行慢病生活馆、微医问诊、顾客APP、微信服务号用药咨询、疾病管理等专业服务项目，提高门店执业药师配备，利用员工APP对店员进行病症问诊和关联用药的培训，加入自动服务机辅助员工提高疾病和药品知识专业服务能力，为承接医院处方外流做好准备。

其他几家上市医药连锁龙头布局路径与老百姓类似，从提升专业服务能力入手，强化会员管理和运营，尤其是对慢病患者、慢病用药的关注度提升。

（三）DTP药房增长最快

DTP（Direct to Patient）药房起源于美国，是一种专业化的药品销售模式。这种模式下，制药企业将产品直接授权给药店代理，患者拿着医生开具的处方直接去药店购药。

DTP 药房具有“双高”特点：一是处方药销售占比高，超过 90%，基本上不做非处方药的销售；二是品牌集中度高，销售排名靠前的大多是来自大药厂的抗肿瘤用药，如赫赛汀、凯美纳、修美乐、格列卫、泰瑞莎、多吉美等。另外，这些药品大部分已经进了国家或地方医保。换句话说，医保支持同样是 DTP 药房重要的影响因素。

DTP 药房的重要产品结构是面向肿瘤、自身免疫疾病等的新特药，以及需要长期服用的慢病用药。从药物供给看，随着中国执行抗癌药零关税、创新药优先审评审批等政策，新特药的供给将增加。而从获批上市到进入医保，有一定的时间窗口，DTP 药房将成为过渡期的重要渠道。即使是在进入医保之后，DTP 药房也能通过医保报销继续保持渠道优势。

目前，布局 DTP 药房的大致有四类玩家，包括医药工业企业、流通企业、零售企业、互联网 + 医药企业，较有规模的包括华润、国药、上药、柳州医药等，如华润医药 DTP 药房已达 88 家，覆盖中国超过 50 个城市，上海医药并购康德乐在华业务之后，也有了超过 70 家 DTP 药房。如表 4 – 1 所示。

表 4 – 1　国内 DTP 药房主要机构情况

机构类型	品牌名称	所属公司	成立时间	主要区域	门店情况
工业企业	仁和药房网	仁和药业	2015 年	北京、广东	/
流通企业	国大药房	国药一致	2014 年	广东、广西	40 家
	上海众协	上海医药	2010 年	华东	70 家
	医保全新大药房	华润医药	2009 年	全国	88 家
	柳州桂中大药房	柳州医药	2015 年	广西	15 家
	南京医药	南京医药	2015 年	江苏、安徽	/

续表

机构类型	品牌名称	所属公司	成立时间	主要区域	门店情况
零售企业	一心堂	一心堂	2016年	西南	/
	老百姓	老百姓	2016年	湖南、湖北	/
	益丰药房	益丰药房	2016年	湖南	/
	大参林	大参林	2016年	广东、广西	/
互联网+医药	健客	健客	2016年	广东	10家
	邻客智慧药房	零氪科技	2017年	全国	20家

动脉网据上市公司年报及公开资料测算，2017年国内DTP药房规模为130亿元左右，DTP药房规模增速高于医药零售市场增速，预计2020年国内DTP药房规模将达到190亿元左右。

（四）院边店近水楼台先得月

严格来说，院边店不算是一种经营业态，只是经营特点的描述。不过业内众多企业在承接处方外流时都强调这一因素，值得分析。

顾名思义，院边店就是开在医院旁边的药店，患者看完病，拿完处方从医院出来，“顺路”到院边店买药。

不过仔细思考，院边店模式并不简单。首先，院边店的位置非常好，布局成本高于一般区域的药店；其次，院边店承接处方外流也要考虑处方来源、药品供应保障能力等因素，尤其是在进场成本已经高于普通药店的情况下，院边店收回成本、持续盈利的信心从何而来？

很多院边店都是医药流通企业开办的，比如国药一致和上海医药。截至2017年年末，国药一致下属国大药房共有医院周边店253家，当年新增53家（其中28家已开通医保），其中16家累计实现盈利；截至2017年年末，上海医药有院边药房54家，新增14家。而九州通也与步长制药合作，开办九步大药房，业务方向之一就是院边店业务。

如此看来，院边店不只是“近水楼台先得月”这么简单，而是传统的药品流通公司对处方外流这一趋势的适应。依托流通公司丰富的品种储备，以及与医院的良好连接，B2B 的流通业务转变为 B2C 的销售业务，完成了营业收入结构调整。

流通公司布局院边店还有其他好处：一是虽然医药分开，但是短期内完全斩断利益关系比较难，而流通公司与医疗机构、医生之间有多样化的接触，方便各类费用的处理；二是流通公司本来有流通业务的“点数”，价格空间更广阔，在议价能力、让利能力上更有优势。

预计未来由流通企业主导的院边店模式的潜力还将进一步被挖掘，以国药、华润、上药、九州通等为代表的流通企业将积极布局这一方向，并探索与医药流通、器械流通等业务更多结合点。

（五）医药电商尝试“药+医”打造服务闭环

医药电商是医药零售行业过去几年增长最快的一个细分领域，经过数年的高速发展，市场格局已经逐渐清晰，头部企业梯队已经出现，一批有实力、有资源、懂市场的企业已经形成品牌，各自拿到了相应的市场份额。不过，医药电商市场变数也很多，包括政策、技术创新、模式创新等。

首先，从政策看，处方药网售一直处于未放开状态，导致各家电商只能摸索着前行，一旦划定政策红线，很多企业的业务都将受到冲击。即使是新近颁布的“互联网+医疗健康”政策在监管上开了口子，但仍然没有放开监管的红线，所鼓励的还是有线下基础、能够和医院形成良好连接的模式。

从用药安全上说，处方药网售一段时间内仍将处于限制状态，这会给医药电商业务拓展带来天花板，制约行业扩张。

其次，从技术创新看，电商的核心能力是提高供应链的效率、获取流量的能力，并以更低的成本服务于更多的用户。这些要素均处于变化之中，技术升级呈螺旋上升的路径。

为承接处方外流，很多医药电商企业都在进行模式创新。比如尝试“药 + 医”模式，包括与互联网医院合作、收购医院、上线移动医疗APP 等，“药 + 医”模式解决了医药电商处方来源问题，同时让用户更有黏性，“圈定”用户；通过 B2B、B2C、O2O 多种业态混合经营，打造业务闭环；向小众市场拓展、做深服务，并尝试与保险、健康管理相结合等。

医药电商或者网上药店此前在处方药市场是“缺位”的，不仅有政策红线的因素，也有消费渠道、消费者行为的因素。随着互联网医院、远程诊疗模式得到认可，医药电商“药 + 医”模式将成为主流，不仅为承接处方外流做准备，也是合规销售处方药、获得市场增量的重要方法。

三、处方平台、互联网医院为处方外流提供支撑

参与处方外流的另外两类玩家是处方共享平台和互联网医疗企业，它们为处方外流提供了支撑。处方共享平台指的是在医院和药店等药品零售机构之间建立信息系统，打通处方，实现处方共享；互联网医院则主要为零售药店、电商、O2O 企业提供线上的医生资源，并提供电子处方服务。

处方共享平台的模式是患者在医院完成就诊，处方共享平台与医院系统对接共享处方，处方信息通过 APP、微信、网页等形式同步给患者和药店，患者可以自行选择到院内或者院外药房拿药。

处方共享平台的核心要点是保证处方信息的真实、合规、有效，杜绝假处方、一次处方多次购药等问题。一些公司将区块链技术引入处方共享平台，利用区块链技术去中心化、可溯源、不可篡改等特征保证处方合规流转。

互联网医院则在线上提供服务，并且仅限于常见病、慢性病的复诊，然后开具电子处方，作为购药的凭证，此电子处方可以与医药电商、医药 O2O、零售药店等共享。

如微医在乌镇互联网医院的基础上，构建了包含药诊店、处方共享

在内的“微医药”板块，规模化连接医院信息系统、零售药店药品流通配送系统和医保结算系统，实现医疗、医保、医药多方的医疗信息共享应用。

2016 年 3 月，微医启动“互联网医院 + 药店合作计划”，合作药店通过登录乌镇互联网医院药店系统，便可为会员提供精准预约、远程诊疗、电子处方等服务，药店直接升级为虚拟诊所。目前微医药诊店平台已经接入超过 2 万家药店，日均服务量近 5 万人次。

处方共享平台、互联网医院电子处方共享，是行业承接处方外流的辅助支持，作为系统建设方、资源链接方，未来潜力巨大。

处方外流规模超千亿，谁是最大受益方？

处方外流不是一个完全可以量化的市场，所以这一模式的规模很难有具体的测算数据。关于处方外流的规模计算，大致有两类估算方法：一是渠道法，按照院外渠道的占比，大致估算处方外流规模；二是药占比法，因为外流处方的来源主要是医院，影响医院的药占比，从医院药占比变化也可估计行业规模。如图 4－3 所示。

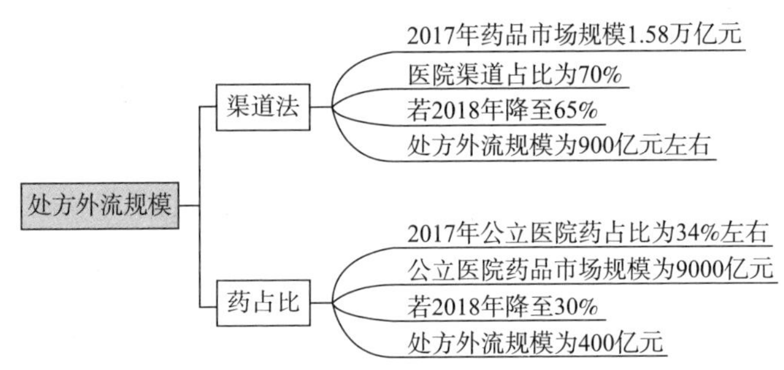

图 4－3　处方外流规模推测

据以上推算，2018 年处方外流规模在 400 亿 ~ 900 亿元。但是处方外流很难标准化，所以以上只是一个大致的推算过程，可能与实际情况有一定出入。另外，随着分级诊疗、基层用药放开等影响，公立等级医院的患者可能分流到基层，基层医疗机构也会成为处方外流的重要承接方。

从处方获取能力、药品品种获取能力、药事服务能力、成本投入、盈利能力等维度，动脉网对当下主要的几种处方外流承接方式进行了打分，如表 4 -2 所示。

表 4 -2　主要处方外流承接方模式分析

处方外流承接方式	连锁药店	院边店	DTP 药房	医药电商
投入成本	★★☆	★★★	★★★☆	★★★★
处方获取能力	★★☆	★★★☆	★★★★	★★☆
药品品种运营能力	★★☆	★★★★	★★★☆	★★☆
药事服务能力	★★☆	★★★☆	★★★★	★★☆
盈利能力	★★★	★★★★	★★☆	★★

处方外流趋势下，新特药、慢病长期用药将首先从医疗机构流出，零售院边店、DTP 药店由于“背景”深厚，基础功底扎实，将成为处方外流的最大受益方，而连锁药店、医药电商、处方共享平台等则各擅胜场，亦有不错的发展机会。

处方外流是一个系统性行为，涉及医疗改革、药品流通及零售渠道调整，经营结构转变，医保政策调整，医疗服务方式转变、患者意愿转变等诸多环节，将会有一个曲折的探索过程。

执行起来，“医药分开”也面临诸多挑战，最直观的就是药品收入从医疗机构剥离之后，医护人员获得的收益与其劳动付出不匹配，缺乏利益补偿机制。

再一个是处方承接的问题，药品流通渠道长期以公立医疗机构为主，社会药店在药品供应保障能力、药事服务能力方面尚有差距，所以应该从处方获取能力、品种运营能力、药事服务能力等角度入手，让处方外流“流得出，接得住”，顺应医改、服务患者。

当下，我国医药流通及医药零售行业依然存在“小、散、乱”和发展不均衡的问题，未能全面满足药物供给和居民的卫生健康需求，需要进一步提升行业的集中度和服务水平，培育有规模优势、技术优势、服务优势的大型骨干企业，互联网+是很好的渠道和方式。所以，政策对互联网+医药颇多鼓励，期望行业充分利用互联网等新技术工具，提升服务能力和水平，实现行业整合和产业升级。

从政策壁垒看，“处方药+电子处方+医保在线支付”仍是制约医药电商，尤其是网上药店发展的天花板。

2017年11月14日，国家食药监总局发布《网络药品经营监督管理办法（征求意见稿）》。该意见规定，网络药品销售范围不得超出企业药品经营许可范围。经营者为药品生产、批发企业的，不得向个人消费者销售药品；经营者为药品零售连锁企业的，不得通过网络销售处方药、国家有专门管理要求的药品等。向个人消费者销售药品的网站不得通过网络发布处方药信息。该规定或对当下医药电商，尤其是网上药店业务产生重要影响，处方药网售仍是悬在医药电商头上达摩克利斯之剑。

出于对安全性的考虑，处方药网售一直未能放开，国家对于网售处方药的行为监管和处罚力度亦在加强。应该看到的是，网售处方药一方面契合消费者的实际需求，能够给消费者带来便利；另一方面也能催生巨大的市场，带来市场发展的机会。所以，监管部门在保证规范的前提下，也进行了一些破冰式的试点，电子处方即为非常重要的方向。

如成都、西安均已出台了电子处方试点政策。成都试点的电子处方已累计开方超过50万例，惠及成都市内3000多家药店和数万人次患者；乌镇互联网医院、阿里健康等企业也在积极布局电子处方院外流转，合作方包括零售药店和医药电商。

在取消“以药养医”的大背景下，未来院外处方流转将成为趋势，也会给医药电商带来机会。

医保在线购药与电子处方的情况类似，虽然无明确准入规定，但鼓励政策亦已先行。如“互联网+人社”2020行动计划提到，人社将与微信、支付宝等第三方支付平台合作，建设统一、开放的医保结算数据交换接口，在安全可控的前提下，支持相关机构开展网上购药等应用。有理由相信，在规范试点的情况下，医药在线购药将逐步推开。

综上，应明晰主管部门对医药电商的两条主线：一条是促进互联网+医药的融合，引导行业转型升级；另一条是切实保护消费者的利益，确保药物流通和用药安全。在这两条主线下，政策或有反复，但大方向确定，互联网+是医药流通行业发展的机会所在。如表4-3所示。

表4-3　2017年医药电商相关政策

时间	政策名称	相关内容
2017/1/19	国务院关于印发“十三五”深化医药卫生体制改革规划的通知	推动流通企业向智慧医药服务商转型；推广应用现代物流管理与技术，规范医药电商发展
2017/1/21	国务院关于第三批取消中央指定地方实施行政许可事项的决定	取消互联网药品交易服务资格B、C证审核，取消审批后，对互联网药品交易服务企业严格把关
2017/2/9	国务院办公厅关于进一步改革完善药品生产流通使用政策的若干意见	推进“互联网+药品流通”。支持药品流通企业与互联网企业加强合作，推进线上线下融合发展，培育新兴业态。规范零售药店互联网零售服务，推广“网订店取”“网订店送”等新型配送方式
2017/5/5	国务院办公厅关于印发深化医药卫生体制改革2017年重点工作任务的通知	试行零售药店分类分级管理，鼓励连锁药店发展，探索医疗机构处方信息、医保结算信息与药品零售消费信息互联互通、实时共享
2017/9/29	国务院关于取消一批行政许可事项的决定	取消互联网药品交易服务资格A证。制定相关管理规定，落实平台责任；建立网上售药监测机制，畅通投诉举报渠道；加强监督检查力度，严厉查处网上非法售药行为
2017/11/14	《网络药品经营监督管理办法（征求意见稿）》	经营者为药品生产、批发企业的，不得向个人消费者销售药品；经营者为药品零售连锁企业的，不得通过网络销售处方药、国家有专门管理要求的药品等。向个人消费者销售药品的网站不得通过网络发布处方药信息

延伸阅读

处方外流是医药领域的一个热词。在“医药分开”大背景下，药品销售迎来结构调整，院外渠道或分享处方外流带来的红利。在承接处方外流的过程中，药企、流通企业、零售药店、医药电商等进行了积极尝试，发展出了院边店、DTP药房、新零售等多种模式。

在众多试图从处方外流中分一杯羹的企业中，亦不乏由传统批零一体化企业转型而来的公司。广东阿康健康科技集团公司，即为其中的一员。

和阿康连锁总经理张移兵这位行业“老兵”聊了聊医药电商行业的问题和机遇，以及处方外流给市场带来的机会与挑战。

医药电商仍将保持高速增长

张移兵是医药电商行业绝对的“老兵”，在行业有十年以上工作经验，曾任职于九州通、康爱多、先声再康、好药师等公司，见证了医药电商行业的发展。

他认为，医药电商在国内之所以能够从无到有、从小到大发展起来，最核心的关键字就是“效率”。

“电商模式极大地提高了医药零售的效率。药品是一种非常标准化的商品，这就意味着它能够像3C产品一样便捷地通过互联网来交易，由此减少中间环节，提高交易的效率。”

效率提升最直观的表现就是价格优势——电商销售的药品一般较线下价格更低。从成本结构看，线下医药零售最主要的成本来源于人力和店租两方面。而在电商模式下，单人绩效更高，店租成本则可以通过将仓库设置在郊区等租金更低的地方，最大限度节约成本。

“电商的客服人员每天能够服务200个以上的患者，这在传统药店看来是不能想象的，他既没有足够的客流也没有足够的能力来服务这么多的患者；店租占了药店营业收入非常大的比例，电商则无租金成本之虞，所以在商品品类上有更大的优势。”

除了效率这一核心外，政策也是医药电商得以快速发展的主要驱动因素。比如新医改所推的“医药分家”、鼓励互联网 + 医药发展，对有规模优势、技术优势、服务优势的创新型企业的支持等。

过去几年间，医药电商市场规模快速成长。

在医药电商市场规模快速成长的同时，政策亦时有调整，监管的红线仍在——对网售处方药的限制。如食药监总局在 2018 年 2 月 9 日发布的征求意见中提及，禁止向个人消费者网售处方药，禁止单体药店网售药品。

在张移兵看来，类似于禁止网售处方药这样的限制性政策未来或将解除，医药电商将迎来更大的发展机会。他说：“新医改的核心是要求‘医药分开’，医药电商就是‘医药分开’很好的一种解决手段。在监管红线之下，政策也提及要坚持‘线上线下一致监管原则’，同时鼓励‘网订店取，网订店送’等创新模式的发展。”

他认为，随着医保全国联网、医院间诊疗信息互联互通，将为下一步开放网售处方药打下基础。“对标美国的医药零售，30% 左右的处方药是通过网络销售的，为什么能够到这么高的比例，是源于美国完善的处方监管和验证系统。在医保全国联网、医院间诊疗信息互联互通之后，国内也将出现适宜网售处方药发展和监管的土壤，医药电商市场将持续扩容。”

从医药电商到处方外流

履任阿康健康连锁总经理之后，张移兵的视线不仅在医药电商这一隅，而是放到了处方外流这个更大的市场机会上。

“院外处方流转或处方外流应该是未来一段时间的市场机遇所在，

一方面政策要求‘医药分开’，全面取消‘以药养医’；另一方面公立医院综合改革推进，药品成了医院改革的重中之重，药品要从医院剥离出来，交给院外渠道来承接。”

医药分开政策持续推行，如“十九大”报告提出，要全面取消以药养医，健全药品供应保障制度。这意味着“医药分开”将持续推进，医药零售渠道调整势成必然。

多份证券研报预测，到2018年，处方外流将为院外市场带去1300亿元或1650亿元以上的增量。出于审慎考虑，将目标值调低，则2018年处方外流规模至少1000亿元以上。这也意味着紧盯处方外流，将出现巨大的市场机会。

阿康健康科技集团，即将视线转向了处方外流这一市场。

据张移兵介绍，阿康健康前身为成立于2005年的广东振康医药有限公司，其早期专注于处方药的营销和配送，定位为专业的肿瘤药品供应商，致力于开拓县级肿瘤药供应市场。2010年，在原有业务的基础上，成立了康爱多，进入医药电商领域——康爱多一度是医药电商领域经营情况最好的公司，后被太安堂收购。

2014年，振康公司创建医药电商新项目“云药库”，为医药流通市场各终端提供齐全、专业的药品供应服务；2015年，上线“云处方”项目，为医生解决处方延伸问题，为患者解决慢病续药服务；2016年，组建阿康健康集团公司，瞄准处方药市场，布局多元化业务。

现在阿康健康拥有振康医药、阿康药店连锁、和睦康医药科技三家子公司，业务涉及药品配送、零售、DTP药房、医药电商、慢病患者服务等。

“云药库”和“云处方”是阿康健康在处方上的主要布局。“云药库”是院外处方药控销平台，目前药品品规（SKU）超10000个，为医院、连锁药房、医药公司等提供购药平台，合作医院超50家，合作连锁药房超1000家，长期合作医药公司超80家。

“云处方”则是诊疗用药一体化网上药房，通过移动互联网平台，为医生搭建属于自己的移动医疗门诊，可以完成开处方、管理患者等一系列医疗诊断与随访服务，并通过授权的 DTP 云药房提供药品配送、专业用药指导等，让患者用药无忧。

阿康健康在处方外流上的布局可概括为“赋能”B 端、“服务”C 端，通过中心化的处方药供应平台和供应能力，为众多的中小药店、基层卫生室、诊所等提供了处方药供应，提升其处方药供应能力，为其承接处方外流“赋能”。对于慢病患者，则提供了诊疗用药一体化平台，满足其院外慢病管理及续方需求。

“阿康在处方药的营销和市场供应上有多年的丰富经验，在处方外流大趋势下，将利用资源优势和技术优势为行业、患者提供更丰富的产品，满足市场需求，发掘处方外流的商业价值和社会价值。”

除阿康健康外，亦有更多医药企业在掘金处方外流这一市场，如药房托管、DTP 药房、药诊店、院外处方流转平台等。风物长宜放眼量，处方外流是大势所趋，将培育医药零售的新蓝海，阿康健康这类创新公司，未来或有更多发展机会。

四、从医药分家到医药融合

（一）互联网+大健康营销

在“互联网+医疗健康”业态中，与药企关系最大的是互联网医院和医药电商，前者让常见病、慢性病的复诊在线上完成成为可能，紧随而至的是长期、巨大的用药需求；后者发展多年，已经成为OTC药物重要的渠道。而互联网医院和医药电商的融合趋势，更是指向了处方药网售的广阔市场。

（二）OTC药物天然适合互联网渠道营销、流通

由于有“禁止处方药网售”红线，在很长一段时间里，OTC药物撑起了医药电商的基本盘，OTC药物占到医药电商药品品类的80%以上，贡献了一半以上的收入。

要理解OTC药物为何能在医药电商渠道有这种“优异”的表现，需要了解处方药和非处方药的差别。国内药物监管大致有三个阶段：

1996 年之前没有严格区分处方药和非处方药；1996 年开始探索实行处方药与非处方药分类管理；2000 年，中国正式实行药品分类管理制度。

按照规定，处方药必须凭执业医师或执业助理医师处方才可调配、购买和使用；非处方药不需要凭执业医师或执业助理医师处方即可自行判断、购买和使用。

处方药只准在专业性医药报刊进行广告宣传，非处方药经审批可以在大众传播媒介进行广告宣传，这就让非处方药（OTC）有更多营销创新的空间。如图 4－4 所示。

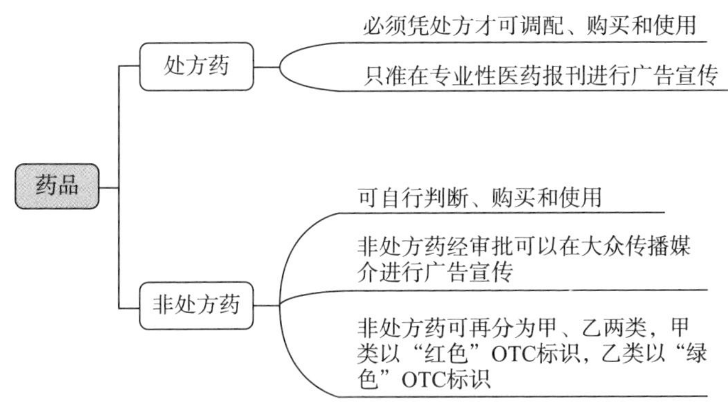

图 4－4　处方药/非处方药差别一览

传统模式下，处方药销售渠道以医疗机构为主，通过招标采购方式进院。OTC 产品则主要通过零售药店销售，有代理、品牌控销及大流通几种方式，这三种销售方式的主要区别在于渠道把控力及品牌力度。企业之所以选择不同的销售方式，原因在于资源掌控能力和品牌推广能力不同，比如零售团队能力强、品牌投入大、渠道掌控力强的公司，基本选择的是品牌控销模式。如图 4－5 所示。

过去很多工业企业将绝大多数精力放在渠道建设和终端拦截上，基本忽略了与消费者的沟通。再加上监管部门对医药产品广告审查力度不严，导致一批以电视广告密集轰炸为代表的工业企业获取了市场增长机

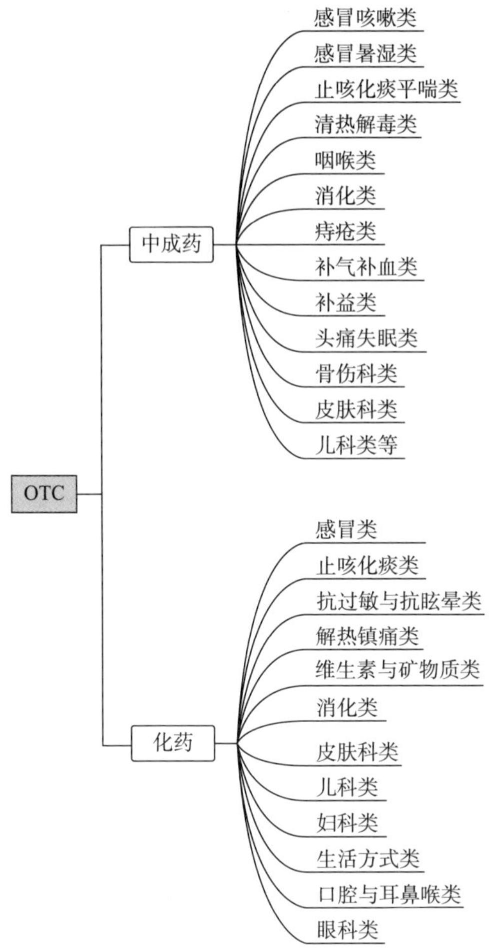

图 4-5　OTC 主要畅销品类

会。这种市场增长方式，其实是在透支企业品牌建设机会，是不可持续的。一旦国家政策收紧，就会出现比较大的危机。

对于 OTC 厂商而言，互联网 + 医疗健康业态的发展、互联网营销为 OTC 品牌建设提供了新的机会，拥抱互联网营销和渠道创新，会造就一批新的品牌。

（三）OTC 药品互联网营销怎么做，场景和内容最关键

做互联网营销，OTC 厂商需要把握好两点——场景和内容。场景就是帮助消费者感受痛点的触发器，场景化的营销就是让消费者感同身受，并激发产品需求。

特别是对于药品而言，药品需求具有偶发性、突然性的特点，这就更需要场景化来加强消费者对产品的理解和关联。比如三九感冒灵的广告，就是一个非常好的场景化营销，再结合一句广告语——暖暖的很贴心，立刻让人感受到那种温暖和舒服。

内容则是消费者了解产品的载体，单纯的口号式广告，重复式广告已经无法打动人了，年轻消费者不是不愿意看广告，他们甚至愿意主动分享广告，但前提是这个广告足够打动人。

针对医药产品的互联网营销，相比于传统营销方式，对广告形式要求更高，也更加精准。通过各种数据积累及工具的使用，使得互联网营销效率更高、更容易找到精准用户。

同时，因为互联网人群消费方式及需求的改变，用户群体和传统零售客户差别也比较大。互联网用户更年轻，对内容要求更高，也更难被打动。原因是信息化程度的提高，他们对产品的甄别能力远高于传统消费者，同时信息爆炸的环境导致他们对心动的内容阈值更高，内容不再是简单的告知，而需要更趣味、更有料、更精准。

众多 OTC 药物厂商开始尝试互联网营销，包括视频贴片广告、网综冠名、植入广告等，甚至有一些厂商深度参与网络内容的生产，根据品牌定位、使用场景等定制化生产内容，如网剧的片中广告、彩蛋等，既获得了不错的传播效果，对品牌塑造也有帮助。

（四）抓住电商渠道，做年轻人的生意

对医药电商渠道而言，首先是消费群体更加年轻了。从数据看，目前电商的消费人群中80后、90后已经占到了70%以上，90后人群占比超过40%。这意味着OTC厂商产品调性及销售策略都需要按照年轻消费者的喜好调整。

其次，电商选择成本更低，消费者更容易在不同产品间进行对比和选择，这就要求厂商在产品的运营和推广上下更多功夫，做好建设。

最后，电商销售更多的是被动销售，很多消费者采用静默下单购买的方式，商家没有销售人员进行引导，这对产品品牌建设，以及产品介绍里面的利益点、卖点等提出了非常高的要求。

在今天的市场环境下，电商作为零售渠道支柱之一的地位已经不容辩驳了，虽然受政策影响现阶段占比较小，但零售商品的电商化进程是不可逆的，任何妄图封闭、拒绝、控制渠道而抵抗电商的行为，都是可笑和不智的。这就好比汽车代替马车、触屏代替按键一样，这是技术的变革，也是消费需求的升级。

特别是对于90后用户群体来说，他们本来就是互联网的原住民，天然对电商有好感，习惯了生活处处互联网化，未来会成为医药电商的主力购买人群。

所以，电商对于OTC产品的机会是不言而喻的。一个全新的渠道、一群全新的消费者、一种全新的销售模式，这意味着洗牌，意味着差距的缩小，意味着弯道超车的机会。

当然，机会与挑战是并存的。OTC厂商拥抱电商渠道，需要掌握电商玩法、积累电商资源，尤其是要转变心智——不要总觉得电商是在抢夺客流，是左手倒右手，电商是整个社会消费习惯的转变，OTC厂商应该做的是拥抱和接受，通过自我变革和进化去适应电商化进程。

五、互联网医疗新政重塑药品流通格局

前面提到的主要是OTC药物市场的一些变化，实际上，随着互联网医疗新政的出台，影响范围将扩大到处方药领域。

《互联网诊疗管理办法》规定，医师掌握患者病历资料后，可以为部分常见病、慢性病患者在线开具处方。在线开具的处方必须有医师电子签名，经药师审核后，医疗机构、药品经营企业可委托符合条件的第三方机构配送。

从患者的角度看，此前一个慢性病患者续方需要到医院重新排队、挂号，耗费时间，并造成医生资源的紧张。通过互联网问诊+电子处方的形式，能够免去患者医院挂号流程，提升医疗资源使用效率。而药品也可以通过医药电商、零售药店、O2O多种渠道获得，不仅符合监管要求，也会为患者带来直观便利。

目前，“互联网医院+电子处方”的模式已经在全国铺开。从承接方式看，主要有线上医药电商、线下零售药店两种，不仅企业层面的尝试较为丰富，医保、药监等部门也给予了充分的支持。

更有吸引力的是互联网医院和医药电商结合的“医+药”模式，目前发展较快的几家互联网医院如微医、好大夫、春雨都在积极补足

“药”的部分；医药电商选择的则是通过自建、合作的方式进入互联网医疗领域，如健客收购、自建医院拿下互联网医院牌照，1 药网、七乐康等也有自己的互联网医院。

阿里巴巴、京东两大电商公司在“互联网 + 医疗健康”领域亦有布局，阿里巴巴有阿里健康这个“旗舰平台”，涉足医药电商、智慧医疗等业务；京东则有京东大药房、京东互联网医院、京东医药物流等业务。率先在港股上市的平安好医生，也是“药 + 医”结合的模式，既有自建的千人医生团队，也有医药电商业务。

实际上，无论是从阿里巴巴、京东、平安好医生等平台型企业，还是1 药网、健客、七乐康等电商立身的企业身上，都可以明显看出它们努力在打造业务“闭环”。“闭环”一旦完成，对于传统的医疗服务、医药流通将产生深远影响。

药企对互联网医疗带来的增量市场的态度也是积极的，作为互联网医疗的典型代表，阿里健康就与多家全球顶尖药企达成了合作，包括辉瑞、默沙东、赛诺菲、葛兰素史克、阿斯利康等，合作的重点就放在“互联网 + 医疗健康”上，药企希望利用阿里系巨大的流量、数据，塑造品牌、实现增量，无论是短期利益，还是长远考量，都是适宜的。

从大趋势看，“医药分开”势在必行，传统以医院为主的药物流通渠道将被颠覆，分散到零售药店、DTP 药房、医药电商、O2O 等渠道，互联网医疗的发展将加速这一进程。

还有一个新现象是基层医疗领域医药服务的兴起，比如杭州卓健、明医众禾、阿康健康、药师帮等，通过信息服务、资源对接、电商交易等方式进入基层广阔市场，实现了“互联网 + 医药”服务的渗透。

整体而言，互联网医疗新政前后，“互联网 + 医疗健康”业务已经走向融合，能够为用户提供“闭环”服务。对于制药企业而言，无论是 OTC 产品还是处方药产品，都无法不注意到这一增量市场。

从药企掘金“互联网 + 医疗健康”的前景来说，无疑是值得期待的。首先，“互联网+医疗健康”适合国情，能够解决优质医疗资源稀缺、分配不均的问题，有政策支持；其次，经过数年的蛰伏和等待，互联网+医疗健康服务模式已经基本成熟，有大范围落地和应用的基础。

制药企业的核心竞争力是发现药物并成功将其带到患者面前，在“以患者为中心”的时代，可能后一种能力更重要。在互联网医疗蓬勃发展背景下，制药企业借助互联网进行营销和渠道创新的能力更为重要。

从探索较早的OTC药物的营销创新，到“互联网医疗新政”带来的处方药网售的机会，药企作为医药产业链上的价值创造者，不仅支撑了行业早期的成长，也为后续增长提供了众多的掘金机会。

延伸阅读

随着“两票制”“零加成”“医药分开”等政策逐步推进，其对医药行业业绩影响逐渐明朗。从相关公司表现看，医药工业企业营销思路转型，更加重视自有营销队伍及专业化推广能力建设；医药商业企业积极进行多元业务拓展及行业间横纵向并购整合，加速向规模化发展；医药零售企业发力医药新零售，承接处方外流。

上市公司是观察行业最佳窗口，随着其年报披露完毕，对分析行业运行趋势提供了高价值案例和数据支撑。动脉网整理了医药商业概念上市公司2017年年报，拟从年报数据解析当下医药流通行业竞争格局及未来发展趋势。

“国”字头企业主导市场，多数企业营业收入增幅超10%。

国资背景企业在医药商业市场占绝对主导地位，全国排名前三的医药商业企业均为国资背景（国控、华润、上药）；一些地方性医药商业企业龙头同样有国资背景，如南京医药、华东医药、重庆医药、柳州医药、人民同泰等。

从财报表现看，多数医药商业企业实现了10%以上的业绩增长，只有少数企业业绩增长停滞或负增长。海王生物医药商业业务营业收入增速排名第一，达70.86%；瑞康医药、嘉事堂、柳州医药、天士力、九州通、鹭燕医药等公司医药商业业务收入增速亦有尚佳表现。

表4－4是医药商业板块上市公司2017年收入及净利润情况，同时列出了其医药商业业务营业收入的增速情况。

表4－4　医药商业概念上市公司2017年收入情况

股票简称	营业收入（总）	净利润（总）	医药商业	同比增减（医药商业）
国药控股	2777.17	78.68	2643.52	7.26%
华润医药	1392.51	28.11	1167.03	10.80%
上海医药	1308.47	35.21	1161.50	6.93%
九州通	739.43	14.46	706.56	19.78%
国药股份	362.85	11.41	371.98	4.06%
国药一致	412.64	10.58	315.22	1.24%
南京医药	274.73	2.39	261.02	2.90%
瑞康医药	232.94	10.08	232.60	49.12%
华东医药	278.32	17.80	211.90	－1.60%
中国医药	301.02	12.99	200.43	16.64%
*ST建峰	230.45	11.06	197.00	3.69%
海王生物	249.40	6.36	195.44	70.86%
英特集团	189.07	0.83	188.35	9.58%
嘉事堂	142.39	2.64	139.39	30.44%
天士力	160.20	13.77	92.06	19.82%
柳州医药	94.47	4.01	85.17	22.86%
同济堂	98.55	5.15	84.44	9.20%
鹭燕医药	83.38	1.31	78.21	18.10%
同仁堂	133.76	10.17	67.64	－0.04%
人民同泰	80.09	2.54	67.30	－13.15%
白云山	209.54	20.62	43.29	15.92%

国药集团是医药流通市场绝对的“老大”，它旗下主要有国药控股（HK. 01099）、国药股份（600511）、国药一致（000028）三家主要从事医药商业业务的上市公司。三家上市公司 2017 年合计营业收入 3552. 66 亿元，净利润为 100. 67 亿元，医药商业业务合计营业收入为 3330. 72 亿元。

国药集团旗下三家做医药流通业务的子公司分工略有不同。其中，国药控股是全国性综合医药供应链服务提供商，提供药品、器械、诊断试剂等分销及配送。截至 2017 年年末，国药控股下属分销网络已覆盖全国 31 个省、自治区、直辖市。其直接客户数已达 15032 家（仅指分级医院，包括最大型、最高级别的三级医院 2301 家），小规模终端客户（含基层医疗机构等）12. 8 万家，零售药店 8. 7 万家。报告期内，国药控股医药分销业务实现收入 2643. 52 亿元。

国药股份是国药控股的子公司，以经营麻特药品和高端处方药为主要特色，立足北京辐射全国医药市场，致力于为客户提供专业的第三方医药物流服务。2017 年 6 月，国控下属的 4 家公司，即国控北京、国控康辰、国控华鸿、国控天星加入国药股份，使得国药股份成为国药集团旗下北京地区唯一医药分销平台，进一步巩固了其在地区医药商业的龙头地位。

国药一致在 2016 年进行了重组，战略定位为国药集团下属的全国医药零售整合平台，完成了与国大药房的整合，实现了“全国零售 + 两广分销 + 工业投资”的战略转型与升级。其分销业务主要集中在两广地区，是该地区最大的医药分销商；零售业务则覆盖全国 19 个省，有近 4000 家门店，2017 年零售收入超过 100 亿元。

排名第二的是华润医药，其 2017 年营业收入为 1392. 51 亿元，制药、医药分销、药品零售业务占比依次为 15. 3%、82. 2% 及 2. 5%；医药分销业务实现收入 1167. 03 亿元，同比增长 9. 3%（以人民币口径增长 10. 8%）。

2017 年，华润医药完成在江西、海南、青海、新疆四个空白省份的分销业务布局，并通过加强省级平台建设、加快网络下沉、渗透基层市场，进一步强化区域领先优势。截至报告期末，华润医药分销网络已覆盖至全国 27 个省、直辖市及自治区，客户中包括二级、三级医院 5475 家，基层医疗机构 37941 家，以及零售药房 30270 家。

排名第三的是上海医药，其 2017 年营业收入为 1308.47 亿元，净利润为 35.21 亿元；医药商业业务实现收入 1161.50 亿元，同比增长 6.93%。

2017 年，上海医药完成收购康德乐中国全部业务、四川神宇医药 51% 股权、徐州医药 99% 股权，实现了对四川、重庆、贵州和天津的业务覆盖突破，分销网络直接覆盖省份从 20 个拓展到 24 个，巩固了公司在进口药品代理、医疗器械代理、第三方专业物流服务等细分领域的领先地位。同时，其响应“两票制”要求，持续提升纯销业务占比（达到 62.35%）；积极布局医院药房托管业务，新增药房托管 97 家，总数达 226 家；完善现代物流网络，推进区域物流中心建设。如表 4－5 所示。

表 4－5　国药、华润、上药三巨头对比

	国药集团	华润医药	上海医药
覆盖省份	31	27	24
经营范围	药品、器械、诊断试剂等分销及配送		
医院客户数	1.5 万家	5475（仅指二三级医院）	2 万家
基层医疗机构客户	12.8 万家	3.8 万家	–
零售药店客户	8.7 万家	3.02 万家	–
2017 年分销业务收入	3330.72 亿元	1167.03 亿元	1161.50 亿元
创新业务	药房托管、DTP 药房、第三方物流等		

第五章

医药电商的运作模式及产业特点

一、医药电商获得资本认可

医药电商利好消息不断，政策对医药电商的正向引导不断加码。根据前瞻研究院及相关咨询机构的数据，动脉网整理出了医药电商（B2B和B2C）总体市场规模数据。如图5－1所示。

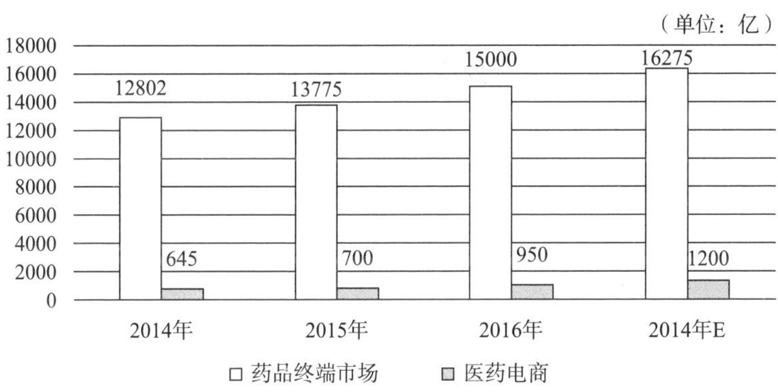

图5－1　我国药品终端网及医药电商规模统计

从图5－2行业图谱亦可看出，医药电商目前尚以网上药店为主。其商业模式和盈利点较为清晰，已经得到市场和投资人的认可。

总体而言，目前医药电商入场企业中，药品流通和零售连锁企业资本是不可忽视的力量，包括九州通、老百姓、康泽、仁和、上海医药

图5－2　医药电商产业图谱

等，在网上药店、医药批发、药材等方面多有布局，作为线下业务的自然延伸；其他如1药网、健客、阿里健康、京东医药、360健康等在C端用户知名度较高；送药O2O作为新兴概念，进入的企业并不多，尤其是经历了资金链断裂之后，对这一模式思考更深，目前快方送药、叮当快药较为知名，且均已宣布实现基础盈利。

另外，动脉网还观察到数家业务模式较为新颖的医药电商概念企业，它们的业务模式是将药品销售和健康管理、医保控费、智能硬件等结合起来。目前来看，服务群体有限，商业模式也不清晰，故没有单独列出来。如表5－1所示。

有披露融资信息的企业中，目前1药网为融资领头羊，已累计获得超过15亿元人民币融资。累计融资超过10亿元的企业共有4家，分别是1药网、上药云健康、中药材天地、七乐康。七乐康于2017年2月15日公布新一轮融资信息，红杉资本、京东等多家机构参投，但未透露具体金额，故排名未变。

统观所有融资信息，有两个较为明显的特点：一是融资轮次都集中在A轮之后，计入我们统计的15笔创业公司融资事件中，有13家是A

表 5－1　医药电商融资情况一览表

企业名	融资轮次	最后一轮融资	金额	累计融资	投资方
1 药网	4	2015/10/16	D 轮 10 亿人民币	超过 15 亿	不祥
上药云健康	2	2016/3/19	A＋轮 135 亿	约 13 亿	章苏阳、京东、IDG 资本、软银中国、盛太投资
中药材天地	4	2016/9/1	C 轮未透露	约 10 亿	英飞尼迪、崇德投资、中卫基金
七乐康	2	2015/11/6	B 轮 1 亿美元	约 10 亿	启迪创投、江苏高科、长江国弘
健客	1	2016/1/28	A 轮 1 亿美元	约 7 亿	凯欣亚洲
叮当快药	3	2016/12/29	A 轮 3 亿人民币	约 4 亿	春风创投、同道资本
康爱多	1	2014/9/1	被 3.5 亿并购	3.5 亿	太安堂
健一网	1	2014/6/1	A 轮 3 亿人民币	3 亿	上海国际创投
快方送药	3	2015/9/17	B 轮 2 亿人民币	约 3 亿	九合创投、竞技创投、天图资本
药师帮	3	2017/2/8	B 轮 1.1 亿人民币	约 2 亿	常春藤资本 Ivy Capital、复星医药、松禾资本、一村资本、同威创投
药品终端网	3	2015/12/12	B 轮 5000 万人民币	约 1 亿	经纬中国、纪源资本 GGV、险峰华兴、喻志云
360 健康	1	2016/7/19	A 轮数千万	数千万	软银中国
药给力	2	2015/6/4	A 轮数千万	数千万	联创策源、同渡创投、平安创新投
云开药网	1	2016/1/1	数千万美元	数千万美元	北极光创投
药材买卖网	1	2015/7/1	天使轮 1000 万	1000 万人民币	天使投资人王刚

轮或者 A 轮之后，这表示医药电商已经进入成熟期，市场已经沉淀下来，新入场的企业已经不多；二是单笔额度较大，1 亿元人民币及以上的融资事件有 9 起。

融资事件给出的启示是，医药电商的一个发展趋势是多元化和多功能化，单纯的线上药店已经进入成熟期，再继续发展就是如何拓展服务的延展性，向全产业链医药发展是未来的方向，线上线下结合、营销和电商思维结合、专业性和导购结合、医药电商和医疗硬件结合、慢病管理和特价药品结合，整个实体药业的产业链有多深，医药电商就可以渗透多深。医药电商团队多为技术团队，怎么把电商技术、互联网技术糅合进传统的医药销售领域也大有看点，类似于药师帮所集成的终端药店药品需求反向主导药厂货物配给，360 好药为连锁门店和网上药店所做的供应链管理及连锁药店的获客和粉丝管理。医药电商领域已经出现了多样化的商业模式和产品思路，又由于“触网”更深，对技术主导的行业变革更能接受。

可以预计的是，医药电商领域将不会出现多少新的初创公司，资本还将把目光持续投向前述几家已经有一定规模的医药电商企业，助推行业产生“独角兽”。

二、医药电商市场格局与盈收状况

2018 年 4 月 28 日，国务院发布促进“互联网 + 医疗健康”发展的意见，提到可在线上开具常见病、慢性病处方，经药师审核后，医疗机构、药品经营企业可委托符合条件的第三方机构配送。同时探索医疗卫生机构处方信息与药品零售消费信息互联互通、实时共享，促进药品网络销售和医疗物流配送等规范发展。

政策破冰，在“互联网 + 医药零售”监管上撕开了一个口子；产业层面，1 药网宣布完成了 5000 万美元的新一轮融资，代表了资本对医药电商业态的认可。政策利好、资本态度积极，两相叠加，医药电商发展或上一个新的台阶。

从市场表现看，各家医药电商亦交出了亮眼的成绩单。动脉网据相关上市公司、新三板挂牌公司 2017 年财报整理的数据显示，各家医药电商营业收入较 2016 年有大幅提升，且多数实现了盈利。

（一）“上市系”医药电商成绩单

虽然目前 A 股市场还没有一家以医药电商为主营业务的上市公司，

不过医药电商概念股已经有数十支，包括传统的流通巨头，如上海医药、白云山、九州通，以及零售连锁药店上市企业一心堂、老百姓、大参林、益丰药房等。如表 5－2 所示。

表 5－2　A 股“医药电商”概念股一览

股票简称	股票代码	总市值（亿元）2018/5/3
乐普医疗	300003. SZ	655. 65
上海医药	601607. SH	461. 31
白云山	600332. SH	401. 91
九州通	600998. SH	307. 93
汤臣倍健	300146. SZ	243. 9
益丰药业	603939. SH	217. 69
老百姓	603883. SH	207. 43
以岭药业	002603. SZ	188. 79
康恩贝	600572. SH	181. 29
恩华药业	002262. SZ	174. 78
一心堂	002727. SZ	167. 61
柳州医药	603368. SH	94. 38
马应龙	600993. SH	80. 52
康缘药业	600557. SH	79. 54
国药股份	600511. SH	78. 35
太安堂	002433. SZ	63. 52
嘉事堂	002462. SZ	58. 81
南京医药	600713. SH	56. 46
新华制药	000756. SZ	54. 5
北大医药	000788. SZ	48. 1
朗玛信息	300288. SZ	46. 25
昌红科技	300151. SZ	21. 3

这些医药电商概念上市公司，部分在年报中披露了电商业务的成

绩，从中亦可看出市场的大致态势。如表 5－3 所示。

表 5－3 “上市系”医药电商成绩单一览

医药电商品牌	关联上市公司	2018 电商业务营收（单位：亿元）	净利润（单位：亿元）	2017 年电商业务营收（单位：亿元）	净利润（单位：万元）
康爱多	太安堂	21.48	3904.28	13.69	3190.98
好药师	九州通	9.17	/	10.78	/
可得网	康恩贝	9.01	1408.93	8.05	1004.77
康之家	康之家	4.56	1265	2.2	744.01
一心堂	一心堂	0.62	/	0.65	/
111 集团	111 集团	17.9	－38009	9.61	－24858
平安好医生	平安好医生	33.38	－91166	18.68	－100164
阿里健康	阿里健康	18.79	－8410	24.42	－10697

有明确披露营业收入数据的电商包括康爱多、好药师、可得网、一心堂等。其中，康爱多 2018 年营业收入达到 21.48 亿元，排名第一，净利润为 3904.28 万元，净利润变化不大，比 2017 年增长 700 万元左右；2018 年好药师营收略有下降，主要是对经营结构和品类的优化；康恩贝控股 20% 的可得网是差异化电商的典型案例，主营隐形眼镜及周边产品，2018 年营收超过 9 亿元；康之家同样是借助 B2B 业务大幅提升了营收，净利润变化不大。

（二）康爱多

太安堂年报称，康爱多依托互联网平台，广泛开展与互联网公司、医药工业企业、线下零售药店之间的合作业务，是一家多元化的医药互联网公司。康爱多已累计为国内超过 7 亿的网购用户提供疾病用药咨询服务和专业药事服务，市场口碑良好，连续六年被评为中国电子商务百强企业。

值得注意的是，早在2015年，康爱多就以广州三甲医院为核心进行线下DTP药房的布局，并获得国内外众多制药企业的支持，开展了良好的合作，形成了服务于上游工业企业和下游DTP患者，并且可快速复制的DTP模式。

供应链方面，康爱多与国内超过3000家工业企业达成稳定的战略合作，包括产品直供、营销和市场资源支持等。并且确保在线SKU超过28000个。同时，康爱多构建了线上线下齐全的渠道体系，除取得与高流量平台的合作外，还覆盖单体药店、诊所超过30000家。康爱多拥有超7万平方米的专业仓储配送基地，采用电子传送带作业，日均处理订单超5万单。康爱多线下门店超过10家，皆为承接处方外流的院边店。

（三）九州通

九州通医药零售业务主要分成线上线下两部分，2018年整体实现营业收入19.60亿元，较2017年同期增长4.46%。其中，在各地的零售连锁药店共1287家（含加盟店），实现销售10.43亿元，同比增长18.47%；电商业务实现营收9.17亿元，同比下降14.93%。

年报披露，九州通集团对好药师的线上线下服务平台进行了调整，发布了好药师APP3.0，融合了好药师官方商城与好药师APP“24小时送药，1小时必达”的O2O送药业务，打造全国立体化“5仓+20城”的送药网点。目前共有包括北京、武汉、上海等在内的20个一二线城市的好药师用户，可以享受好药师的专业咨询及送药上门服务。

三方平台合作拓展方面，好药师与饿了么、平安好医生平台签署战略合作协议；在智能问诊方面，与大数医达合作，并使用深度学习等最前沿的人工智能方法，对常见病的诊断和治疗进行建模分析，在好药师APP中引入人工智能问诊服务，利用现代化人工智能技术，更好更精准地提供数据智能问诊服务；在健康管理方面，拥有执业药师300余名及专业医师团队，与大专家、趣医网、好大夫、芯联达等专业医疗平台达成战略合作，同时建立各类健康数据库，为后续开展会员的慢病管理工作等奠定基础。

（四）仁和药房网

2016年，公司名称由“北京京卫元华医药科技有限公司”变更为“仁和药房网（北京）医药科技有限公司”。现在，仁和药业股份有限公司持有仁和药房网（北京）医药科技有限公司60%的股份，财务数据合并报表。仁和药业合并财务报表中含“仁和药房网”字样的公司共8家，除了仁和药房网（北京）公司外，均为3级或4级子公司。按财务报表，仁和药房网及其子公司2017年营业收入为8.12亿元，净利润为107.94万元。

（五）可得网

可得网是一家专业的眼镜B2C网站，其在2007年5月上线，同年7月获得“医疗器械经营企业许可证”；2015年11月，浙江康恩贝制药股份有限公司新增入可得网股东名单。据康恩贝2017年年报，其持有可得网20%的股份。

2018年，可得网实现营业收入达9.01亿元，净利润1408.93万元。康恩贝公告称，上海可得网络科技有限公司近两年加强市场拓展，推进O2O线下实体店的建设，并不断加强自有品牌的推广，通过线上线下互通的方式，整体发展较快，报告期内营业收入同比增长22.97%。

除此之外，康恩贝下属子公司珍视明药业在天猫、京东等电商平台开设“珍视明”品牌旗舰店，通过电商B2C模式销售“珍视明”品牌眼贴、眼罩、眼部护理等眼健康产品，目前主要电商产品销售额均为所在淘宝天猫平台的居家日用类目的第一。

同时，康恩贝与阿里健康、京东等电商平台，建立品牌 OTC 产品的合作关系，通过开设“前列康旗舰店”等模式，开展品牌 OTC 产品的新零售业务并取得了积极的进展。

（六）上海医药

上海医药零售业务销售规模居全国药品零售行业前列，分布在全国 16 个省区市的零售药房总数超过 1892 家，旗下上海华氏大药房是华东地区拥有药房最多的医药零售公司之一，旗下上海医药云健康致力于打造以电子处方流转为基础的创新医药电商模式。

公司以上药云健康为平台，发展处方药新零售“互联网 +”业务，报告期内与腾讯签订了战略合作协议，初步形成从处方获取与管理、实现与配送及处方增值服务的处方药新零售价值链闭环。电子处方流转端，报告期内实现对接各级医疗机构 214 家，处埋超 200 万张电子处方。

（七）国大药房

财报显示，国大药房 2017 年度线上销售稳步开展，10 月开始自建平台，上线两家子公司，2018 年陆续上线 10 家子公司。同时，第三方平台仍是 2017 年线上销售的主要来源，在天猫（国药在线）销售额为 2. 26 亿元排在第一位，在药房网商城销售额为 911 万元，在 1 药网、京东到家、八百方等亦有覆盖。

需要指出的是，国大药房电商业绩与国药在线有密切关系。国药在线全称为国药健康在线有限公司，其成立于 2015 年 6 月，国药控股、国药控股国大药房为发起股东。2017 年 7 月，国药在线获得云锋基金、朗盛投资参投的 A 轮 1.5 亿元融资。据国药一致 2017 年年报，其在国药在线公司的表决权为 8.06%。

国药集团电商体系有国药 1 健康、国控广州药网、国大药房、国药商城、国药试剂等业务板块，国药在线居中，有承上启下作用，拟打造集 B2C、O2O、B2B 服务于一体的垂直电商服务平台。

国大药房业务主要依托于现代零售药房，并注重开发以医疗资源为核心竞争力的专业化服务体系，打造一批融合医疗服务和健康产品销售于一体的零售诊疗、医院合作专业化业态门店；同时国大药房积极拓展创新业务，积极探索和丰富新的业务渠道，提升专业服务能力，致力于由传统型医药零售企业向创新服务型企业的转型。

就电商业务而言，国药一致 2018 年度线上销售稳步开展，整体电商收入增长有所放缓，O2O 平台销售总额 2.55 亿，同比增长 3.1%；其中到家服务增长迅速，2018 年实现销售收入 1404 万，同比增长 167%。

（八）一心堂

公司于 2013 年进军电商业务，并于 2014 年 9 月设立电商事业部门，利用国际先进的 Hybris 电商平台，完成 B2C、B2B、B2B2C、O2O 等业务架构搭建，实现与其他电商平台的业务对接和订单流转，为一心堂的全渠道电商打下了坚实的基础。

在 B2C 业务方面，公司于 2016 年上半年陆续推出一心堂 APP、团购业务、跨境业务、同城服务业务等跨界 B2C 业务，同时利用自身优势品牌影响力及区域服务优势，推出了一心到家 B2C 业务。2017 年度实现电商业务交易额 6538.91 万元。其中，第三方销售平台的交易额为 1311.22 万元。

（九）老百姓

公司通过官网商城、大型电商平台旗舰店、微信公众号及手机移动端等多渠道发展电商业务，探索和发展 O2O、B2C 业务模式。

（十）大参林

公司在重点做好传统零售业务的同时，积极地发展新的业务以承接处方外流，包括医药电商（含 B2C、O2O）、中医馆、中医坐堂 + 药房等，并通过建立 DTP 药房与拓展院边店，与临床工业深度合作的模式成效明显。同时，大力拓展院边店，报告期内新增 118 家院边店，这将为公司承接医改成果夯实坚实的基础。

（十一）益丰药房

公司于 2013 年开启医药电商业务，2016 年成立电商事业群，下设 B2C、O2O、CRM、电商技术等电商事业部，以 CRM 和大数据为核心，打造线上线下融合发展的医药电商业务。

2017 年，益丰大药房电商事业群人员组织架构不断完善，电商各模块业务走上正轨。PASS、微信公众号、微信商城、CRM 小票促销、线上药师咨询、用药提醒等产品陆续上线试点，与京东到家、百度外卖等多家第三方平台的合作逐步展开。

益丰还通过现有会员资源，发展自营电商；通过第三方引流，做大 O2O 业务，O2O 及时配送辐盖上海、南京、长沙、武汉等线下门店所在的近二十个城市，越来越多的消费者在益丰体验到便捷的购药服务；通过尝试开发纯互联网产品，打造移动化的业务平台；通过电商业务创新和互联网技术的运用，改变员工管理模式，提升员工专业服务和营运管理的智能化，实现线上线下销售的融合增长。

（十二）护生堂

护生堂电商平台通过重新规划主营品类、优化完善自有品牌产品线等策略，有效提升产品销售毛利率；同时为抵御市场竞争，新增 3 家线上店铺。线下药店中，1 家药店正式通过零售医保项目北京市人保局审核；3 家药店开通京东到家平台 O2O，药品递送做到 3 公里范围下单 1 小时送达及全城次日达服务，药店运营能力得到稳步提升。报告期内，护生堂实现营业收入 3715.00 万元。

（十三）康之家

康之家具备完整的产品供应链，结合已有线上资源与线下资源，打造 B2B2C 到 O2O 再到 C2B 的医药电商闭环，引领医药新零售发展；提供医药线上线下购买、医药配送、移动医疗、智慧药房的服务，解决医药服务的深度链接，建立以“平台 + 产品 + 服务”的垂直整合生态系统，实现医药行业全价值链的生态闭环；从而实现以服务为核心、以数据为基础、以重复购买为目标、以社区辐射为纽带的医药服务 O2O 模式。

2017 年，康之家实现营业收入 2.2 亿元，比 2016 年同期增加 13.51%；归属于挂牌公司股东的净利润 744.01 万元，同比增长 585.29 万元。

康之家营业收入并非全部来自线上。按其财报，其新零售业务收入为 8447.09 万元，公司官网的市场影响力扩大，顾客群体逐步扩大，顾客复购比率增加；加盟店及 O2O 体验店收入为 1.26 亿元，比上年同期增长 68.17%，收入增长的原因为报告期内随着公司 IT 技术及互联网销售经验向加盟药店的推广，公司加盟店及020合作体验店已经拓展至两千多家。公司给加盟店配送药品产生的收入大幅增加。

（十四）医药电商格局将定，业务多元化成必然，协同效应明显

以上介绍了“上市系”医药电商的发展缘起、市场打法及取得的成绩，可以看出，“上市系”医药电商公司在市场中占有较大比重。究其原因，医药电商还是一个相对吃“资源”的行业，比如在网上药店的审批上，需要先有信息资格证，再以线下连锁为基础获得交易资格证，这就使有连锁基础的公司更容易起步；其次，医药供应链资源、行业营销资源，也需要有沉淀的熟手来操盘，所以医药电商行业早期玩家多以传统出身为主。

不过也应该看到，非上市系公司、互联网基因的公司在医药电商行业占了较大比重，比如健客、1药网、七乐康、云开亚美、360好药、八百方等，这些公司以互联网理念进入医药电商行业，在技术、运营、营销上为行业带来了新的玩法。

现在医疗服务已经成为B2C企业的标配，比如111集团的“1诊”、健客的“健客医生”、七乐康互联网医院等，让“医”和“药”之间的协同更加紧密。另外，电商企业的线下布局亦值得关注，已经从企业个例演变为行业趋势。比如B2C企业均在布局院边店、DTP药房；B2B企业开始收购中小流通企业，并与第三方物流公司合作建设药品仓储、物流基地等。

任何市场都不是固定不变的，商业的本质就是变化。“互联网+医疗健康”系列政策促使医药电商行业创新模式逐渐丰富，提高了优质医疗资源可及性，线上咨询、诊断、处方、药品、康复管理已构成全流程服务体系，给药品流通、零售行业带来了深远的影响。未来医药电商

还将在药品流通中扮演更重要的角色，并影响国民的健康消费习惯，而在医药电商发展过程中，创新将成为突围的关键。

总的来说，无论是医药流通还是医药零售，规模化、数字化均为未来趋势。受两票制、营改增等影响，全国 1.3 万家医药流通企业将收缩过半，大型流通企业市场份额会逐步提高。零售药店数量已接近增长顶点，存量整合将优于新开门店，连锁率会不断提高，精细化管理会伴随资本圈地过程。信息化工具、理念将伴随行业发展过程，成为行业升级转型重要助力。

医药电商行业未来走势，有四个方向：第一，“信息化”仍然是趋势，无论是网上药店还是互联网批发业务。就网上药店而言，出于监管原因，处方外流将不是确定性高且容易起量的机会；第二，线上批发业务仅提供信息匹配和撮合交易已无法满足行业需求，数字化营销、智慧供应链及衍生服务是差异化机会；第三，率先构建服务闭环的企业更容易脱颖而出，这既是网上药店、线上批发、诊疗咨询业务融合的原因也是结果，实现方式可能有并购整合、投资合作等；第四，头部企业的明星效应将更加明显，体现在上市退出带来的资本回报，融资通道打开之后的研发投入增加带动行业营运水平等方面，更多新的竞争者加入，聚拢在头部企业周围。

三、打造高效医药 O2O 服务环五步法

移动互联时代下的医药消费，更强调线上线下的 O2O 协同运作，更需要关注到相关影响要素，这就需要强化高效的医药服务，通过分症式辨症施治用药、集合式用药指导、互联式医药服务等进行协同操作，推动线上线下的高效互通、互联和互动，打造“高效医药电商服务环”，由此成为医药行业新秀。

图 5－3　打造高效医药 O2O 服务环五步法

（一）分症式辨证施治给药

每个患者都有其症状类别，每个患者的症状都有所不同，即使是同类病种也有不同的病症特征，对于医药电商来说，其不仅要根据患者疾病特征诊断病情，更要针对不同病情提出不同的治疗用药建议，这也是医药电商最关键的一步。

1. 网络对症施治给药

针对OTC类药品而言，患者往往根据自己的表现、体表特征等自主预估病情病症，通过医生的诊疗建议选购药品，而对于处方药，上海韬慧咨询王鹏飞认为，因其涉及疑难病症，涉及更复杂的治疗手段，需要医药电商或者与医院医生结合，或者自主构建“网络诊断治疗的体系”，旨在提供患者以对症的诊断及相应用药指导。

2. 闭环式诊疗给药服务设计

医药电商不同于其他电商运作，其需要线上线下的协同服务，除了对患者进行线上的对证诊断、网络沟通、用药指导外，更要指导患者在线下终端进行实际的病症复核、用药复核等，并且推动线上线下的患者数据同步、症状同步、用药方案同步等；只有线上线下的持续操作、复核设计，才能提升患者用药的安全感，提升其对医药电商平台的认同感。

“分症式辨证施治给药”的典型做法有：

（1）整合必要的“线上病症诊断系统”，可以通过网络轻问诊的方式，可以通过线上远程诊断的方式，对患者进行“辨证施治”，从而提升患者用药的科学性、针对性。

（2）严格执行“用药服务流程”规范化设计，无论是网络问诊的程序设定、专任医师对接，还是线下的病症复核、用药复检等，都需要规范化的设计用药服务流程，从而保证患者用药的科学性。

（二）集合式用药建议

患者的病情多种多样，其症状也变化较多，对于患者来说，及时服药、科学用药是减少其病痛的最佳方式，也是医药电商的最大用药价值所在；面对多种体质、多种病情、多种禁忌的患者，医药电商需要提供更集合化的用药建议给患者，提供更优质的用药服务给患者，提升患者的整体诊治用药感受。

1. 提供集合式治疗方案

每个患者患病的原因很多，每个患者都有自己独特的体质，医药电商的用药方案就要保持相对的灵活性，在强化“同病群治疗”的同时，更要针对特殊人群、特殊体质的做好设定工作，特殊情况特殊对待，因病施治，提供集合式的治疗方案。

2. 整合专业医疗医药资源

医药电商不仅仅在卖药，在卖药前还要根据患者的不同体质、不同症状等量化其病情，这就不是单一的医药资源所能实现的，医药电商需要整合更多医疗资源以服务患者，可以整合当地的专业医院、专业科室和专业医生等，可以整合网络问诊平台等，旨在为患者提供一站式、整合式的诊断、治疗、用药等多种服务。

3. “泛家人医药服务”推进

从患者患病情况来看，患者诊治往往以个体居多，而患者的家庭健康管理也是同样重要的，尤其是对于一些容易传播、容易感染的病种，更需要我们关注患者家人健康。同时，还有另外一种情形，一些慢性病，因其治疗相对简单、诊疗方案比较稳定，患者在家庭中即可完成治疗。上海韬慧咨询王鹏飞认为，医药电商在做好患者个体服务的同时，可以涉足家庭健康管理市场，可以涉足家庭用药管理等，主要开拓家有婴幼儿、家有老人的患者群体等。

“集合式用药建议”旨在提升单个患者的效益产出，一方面强化患者的集合式用药；另一方面彰显集合式用药服务。此类的典型做法有：

（1）推进“单症药”“集合药”“周期药”等的运作，针对单独的病症提出更好的用药建议，针对同一病症提出不同的解决方案，对于OTC 药品可以给予更加对症的组合建议，对于慢性病等提供更全面的用药指南。

（2）从“单个患者”向“家庭用户”演变，从单个患者的用药指导向家庭的用药指导推进，推进用药疗程设计、用药提醒等环节，提供患者更全面、更集合的服务。

（三）互联式医药服务

在移动互联消费的时代，医药的移动互联消费是行业大势所趋，更是发展前景所在；推动医药电商事业，就需要在医药消费的移动互联情境上下功夫，在用药消费的互联互通上下功夫，在线上线下的医药互联服务上做文章。

1. 移动互联的“新地点服务”

患者的用药服务是多种多样的，其具有很强的地点服务特性；医药电商需要基于“用户所处位置”就近选择合适的医疗服务点、药品取药点等，这些购药特性在移动互联消费时代更显突出，医药电商在推进“移动互联新地点”服务时需要更加强化地点的价值，把线下的优质服务终端整合进来，除了卖产品外，更提供优秀的服务价值。

2. 线上指导、线下服务相结合

医药电商的药品销售不同于传统药店，患者首先接触的不是药品，而是更多的网络沟通，或是远程的诊断沟通，或是医药商城的在线咨询，这些都是患者的“第一触点”，也是患者首先所能感触到的品牌体验，线上进行必要的病症初诊、病情初断、用药建议等，线下实际复核、实施指导用药等服务，这些都可以极大创造良好的医药O2O体验。

“互联式医药服务”旨在打通线上的症状诊断、治疗方案集合、用药指导等环节，强化线下的复核服务、现场指导等环节，通过线上线下的互联、互通和互动实现医药电商的跨越式发展。

（1）亮化网络诊疗体验，使每个患者在网络上都可以得到很好的症状初判、用药建议等沟通体验，得到较好的自我诊断指导、用药服务等，同时也可以通过线下复核服务、现场指导等强化患者对电商平台的信任感、依赖度。

（2）强化线下终端的功能集成，将传统的医药终端从单一的卖货变得更加全面、更加集成，由其承担一定的医疗服务、用药指导、患者沟通、品牌宣传等职能，从而实现线上线下医疗医药服务的立体化、互通互联更互动。

（四）多圈层医患社群构建

做医药电商，推进医药O2O是需要做社群的，医药行业毕竟是涉及人身安全、用药健康的行业，此类行业需要专业化医疗资源的支持，需要构建专业化的社群体系，需要医患双方更好的交流互动。

1. 建设医疗医药多圈层

纵观医药电商推进，无论是线上专业化的远程症状诊断、患者用药指导，还是线下的用药复核、家庭用药跟进等，无不需要专业的医疗知识、精进的医药服务，这些都需要专业的医药医疗圈层建设，需要更多的专业化医生加入，需要更多的终端药师服务人员，需要更多的专业化在线医疗医药客服，建设这些优秀的医疗医药圈层是医药电商成功推进的重点步骤。

2. 强化医患社群交流互动

疾病无情人有情，医生的专业精神需要更好地传递给患者，患者对于症状的自我描述需要更好更快地让医生知晓，良好的医患互动是成功的医疗医药事务顺利推进的关键环节，提升医生对移动医疗的认同感、专业感，提升其专业化的医疗医药水平，同时促进医患双方更多的互动、更多的交流，也是消减医患矛盾、提升医药电商社群黏性的关键环节之一。

3. 植入医药电商品牌精神

移动互联时代大家都在谈社群，而医药社群需要更加关注自己的品牌价值，在亮化自主品牌价值的同时，需要强化自有品牌精神，将品牌精神充分植入品牌社群建设当中，充分表达专业化医疗理念，充分彰显专业化医疗服务，充分传递关心、仁爱的职业情怀。

移动互联社群有了品牌，用户才能产生很高的品牌黏性；有了很高的品牌黏性，医药电商才能快速成长，为用户提供更高品质的医疗医药服务体验。

“多圈层医患社群构建”旨在为医药电商运作提供核心的社群互动平台，提供各主流圈层、各网络社群相互交流的场所，提升对患者医疗医药服务，创造良好的社群互动体验。

（1）建设品牌社群而非单纯组建社群，医患纠纷多、医患矛盾多，为了更好地解决问题，医药电商需要亮化“电商平台品牌”的力量，通过弘扬医药电商平台的品牌价值更好地与患者沟通，做强了品牌患者的信任感自然会水涨船高。

（2）推动各圈层的有效连接，可以在线下举办“品牌聚会日”，召集各医疗医药圈层 VIP、达人等共同探讨医疗专业问题、生活健康事项等，也可以组建“品牌联谊会”，将高频率购买患者、高影响力专业医生、高影响力医药品牌等共集于此，推进各圈层认知，推动其高效沟通。

（五）高黏性健康管理

对于常见病而言，小小的药片往往就能解决问题；而对于一些慢性病、大病种等而言，其不但需要购买医药产品，更需要持续的健康管理，需要从一个小药片的服用到周期服药的设定、定时服药的提醒等一系列服务，这也是提升医药电商品牌黏性的重要一环。

1. 持续用药跟踪提醒

据国内一项移动医药 APP 的专项调查显示，国内患者对医药 APP 使用最关心的一个事项就是“用药定时提醒”“用药指导”等，其更关注持续用药体验，更关注药品的后续使用，更关注身体持续的用药指导。

上海韬慧咨询王鹏飞认为，与之相对应，医药电商也应关注患者真切的用药跟踪服务，从单纯的卖药向“持续用药服务”发展，从定时的服药提醒到有规律、有周期的服药指导，从单纯的用药核对向集合式服药管理发展，真正站在患者用药的角度考虑问题，提升患者的“贴心感”用药体验。

2. 后期康复护理指导

对于一些慢性病而言，其治疗周期长、治疗方案相对比较稳定，患者除关注药品安全、高品质外，更关注药品的优惠价格、后期的康复指导等，药品价格相对还是刚性的，医药电商在药品价格可操作空间是有限的，为了更好地推进“慢性病健康管理”，其可以推进后期的康复护理、用药指导等相关服务，这样患者用药体验会更好。

“高黏性健康管理”是围绕患者用药做精服务、做深服务、做强服务的关键环节之一，也是提升医药电商整体销售额、整体毛利率的核心环节之一。

（1）做精慢性病健康管理，真正从患者的“慢性病”发病机理、诊断方法、治疗方案、注意事项等方面入手，根据患者个人特质，量化日常运动、日常饮食、日常家居等行为。

（2）做深做强关联服务，服药是患者恢复健康的一个环节，器械辅助、自主锻炼等是康复的必要动作，也是患者意图统筹应用的动作，围绕患者的“健康管理需求”整合用药服务、训练指导、日常饮食、运动建议等，相信这样会很受患者欢迎。

中国医药O2O建设方兴未艾，其必将伴随着中国互联网医疗的快速发展而迅猛成长，时势造英雄，做好分症式辨证施治给药、集合式用药建议、互联式医药服务、多圈层医患社群构建和高黏性健康管理，医药企业必能成长为行业新秀，在激烈行业竞争中占据优势地位。

延伸阅读

京东在医药业务板块已经形成了从医药流通到终端消费者轻问诊及购药送药的全面覆盖，具有较强的业务关联性和协同性，京东在医药板块的投入已不容小觑。

健康到家

京东到家定位是生鲜 O2O 电商平台。而健康到家是京东到家平台下的一个业务子版块，通过与线下药店合作，对消费者提供药品配送服务，配送方式为众包物流平台达达。

达达配送成立于 2014 年 6 月，是基于众包和移动互联网提供同城即时配送的平台。具体方式为机构和个人在达达平台下单，配送人员接单之后按照订单要求在规定时间送达并获得报酬，可理解为物流配送的分享经济。

2016 年 6 月，达达与京东到家合并为新达达，京东拥有新达达 47% 的股权。合并之后，二者业务独立发展，达达为京东到家提供配送服务。

新达达的众包物流平台目前已经覆盖全国 300 多个重要城市，拥有 230 多万众包配送员，服务超过 40 多万家商户，日单量峰值超过 200 万单。

新达达的众包物流平台通过移动和众包的方式，为国内众多的零售、服务和 O2O 企业提供低成本、高效率、规模化的“最后三公里”物流配送服务，希望成为 O2O 电商的基础设施，达达物流平台是新达达进行全国扩张及品类扩张的基础。

新达达在超市生鲜业务上继续使用“京东到家”的品牌，除了上面提到的医药业务之外，京东到家还包含超市生鲜、外卖餐饮、上门服务等业务，覆盖北京、上海、广州等 19 个城市，合作的门店数量超过 4 万家，注册用户超过 2500 万。

具体到医药业务板块，接入京东健康到家的门店数量为 5000 多家，日均订单量 7000 单左右，客单价在 53～56 元，其中 OTC 药品占到 70%，日化、消字号、器械等也有可观的份额。

以此判断，下一步京东的目标是提高知名度和客单价，让健康到家为更多的用户提供更优质的服务。

京东到家在业务拓展上也有一定的优势。京东到家在京东商城拥有一级入口，京东商城数亿的流量可以便捷导入到京东到家。同时，京东到家还拥有独立的 APP，能够有效留住重度用户。

事实上，从消费者行为来说，购药本身是一类低频业务，与类似生鲜这样的业务进行绑定，可以有效提升业务的曝光度，便捷的入口也能持续吸引新用户进驻。

值得一提的是，动脉网体验发现该板块还有乌镇互联网医院的入口，用户可进行免费的图文/视频问诊，并取得电子处方，解决了处方药处方来源的问题，对慢病及长期用药者来说，非常便捷。

从市场环境来看，目前做药品 O2O 业务的公司包括快方送药、叮当快药、阿里健康“先锋联盟”等。前两个都是以自建门店为主，业务范围拓展需要大量的资金支持；后者与健康到家业务类似，全国覆盖的范围亦有重合，或可看作未来药品 O2O 业务的方向。

平台 + 自营 B2C

除了药品 O2O 外，京东此前早已布局另外一块针对终端消费者的医药业务，即 2016 年 5 月上线的京东大药房。

京东大药房的前身是京东旗下京东善元（青岛）电子商务有限公司在 2013 年收购的青岛安吉堂大药房，2015 年 11 月，安吉堂正式获得互联网药品交易服务 C 证，可进行对终端消费者的药品售卖。

京东自营药品 B2C 的逻辑，主要的目的是补全交易的品类以满足消费者“一站式购齐”的消费习惯。

京东在医药 B2C 上的做法是平台 + 自营 B2C。平台 B2C 指的是京东医药类目接受其他拥有互联网药品交易 C 证的企业入驻，类似于德生堂大药房、健民大药房、益丰大药房等，主要售卖 OTC 药品及个护健康、滋补保健、成人用品等；自营即京东大药房，同时经营 OTC 药品和处方药，处方药购买流程是提交申请→药师电话回拨确认→京东药房邮寄。

目前尚没有京东医药业务经营情况的确切数据，但此前有消息称2016年双11期间京东大药房订单超过10万单，京东医药全网数据超过4个亿。以此预计，京东医药B2C（平台+自营）年销售额数字不菲。

事实上，近年来医药电商（B2C）成长速度惊人，年均增长率均保持在50%以上。截至2016年年末，持有医药电商C证的企业近600家，全年交易额超过200亿元。2017年1月，国务院又下达行政命令，取消了医药电商B、C证的审核，对京东医药来说无疑是利好消息。

医药分销已获得国字头入场券

京东的医药分销业务，较C端业务的拓展还要早。资质文件显示，京东于2014年12月23日就拿到了医药电商A证（为医药工业企业、商业企业提供交易平台，即医药B2B），该证书的有效期至2019年12月。

2016年5月18日，京东又与上海医药宣布达成合作，双方将在战略、资本、业务三个层面建立合作伙伴关系。

要知道，上海医药可是国内医药流通真正的“翘楚”，年报显示其2016年营业收入达到1207亿元，医药流通业务占总收入90%以上。京东医药B2B与上海医药达成合作，等于拿到了医药流通的“国”字级入场券。

根据当时的协议内容，双方将在处方药电子商务领域展开合作，共同建立处方药的线上销售平台及线下仓配网络。

同时，双方将增资上海医药大健康云商股份有限公司（上药云健康）。具体形式为上海医药以增资方式将上海医药众协药业有限公司“上药众协”100%股权注入上药云健康；京东则以现金以及相关资源作价，对上药云健康实施增资。

作为双方合作的主要承接平台，上药云健康主打“电子处方”“药品数据”“患者数据”三大平台，电子处方对接医院 HIS 系统及自费药处方系统；药品数据对接零售药店库存配送信息；患者数据可跟踪患者长期的就诊、购药、用药信息。以此整合，市场规模及增量空间非常可观。

京东医药药京采官网信息显示，现已上架品类包括呼吸、消化、泌尿、心脑血管、抗过敏、抗肿瘤等类别药品，药品提供商包括广东振康医药、北京悦康源通医药、四季汇通医药、河北众信医药等，配送范围包括北京、天津、河北、广东四个省区。

除此之外，京东在其他领域的采购打法也被延续下来，可为采购商提供“白条”金融服务。“药白条”资料称，药品采购专享先下单后付款，最高额度为 50 万元，30 天内免息。

实际上，在线下药品采购中，医药公司垫款非常常见，京东医药将此模式承袭下来，或可获得采购商的首肯。

综上，京东在医药业务上布局可罗列为 B2B、B2C（自营 + 平台）、O2O（合作药店 + 众包配送）三大板块。如果几块业务产生协同（比如合作药店用京东医药采购，以及开设旗舰店），或可驱动京东医药在医药领域构建足够的影响力。

第六章 医药电商未来的发展方向

一、领头医药电商企业2018年的变化

在过去数年中，政策时有变动，资本间或参与，医药电商在曲折中前行。所幸的是，战略清晰、团队优秀、方向正确的头部企业已经出现，撑起了产业发展的“基本面”。2018年医药电商行业大事件如下：

（一）平安好医生：火线上市，加速与医疗服务、保险、金融业务联动

平安好医生成立于2014年，于2015年4月推出移动平台经营在线医疗健康服务，主要包括家庭医生服务、消费型医疗服务、健康商城、健康管理及健康互动业务。2018年5月4日，平安好医生在香港联交所主板IPO。

上市之后，平安好医生动作颇多：8月16日，收购平安万家（万家医疗）100%股权，加速线下布局，获得家庭医生签约、渠道拓展、商业健康合作机会；之后，平安好医生宣布与东南亚O2O平台Grab合作，为用户提供人工智能辅助的线上问诊、线上购药和挂号预约服务。

动脉网此前分析，平安好医生的成功分四步走：

第一步：通过平安集团注资，提供初始发展资金。

第二步：通过平安集团的关联交易和用户导入，完成初期在线医疗咨询商业模式的建立和种子用户获取。

第三步：通过营销活动和现金补贴，实现用户的大幅度增长。

第四步：通过搭建在线商城，实现销售额的大幅度增长。

2019 年上半年，平安好医生核心业务——在线医疗实现营业收入 3.36 亿元，同比增长 80.5%。无论是从流量、营业收入，还是行业资源集聚方面，平安好医生都为大公司切入一个富有挑战性的行业提供了经验。背靠平安集团，未来平安好医生还将继续进行资源整合，并与集团保险、金融等业务协同。

（二）阿里健康：继续注入阿里系流量、资本资源，强化“新零售”

阿里健康是阿里巴巴在医疗健康领域布局的旗舰平台，是阿里双 H 战略——Happiness&Health 的重要落地者，从成立以来就备受关注。自成立以来，阿里健康通过集团资源注入、自建、合作、投资等方式丰富业务布局，形成了以医药电商、智慧医疗、产品追溯、健康管理为主的四条业务线，构建了“互联网 + 医疗健康”业务闭环。

2018 年 5 月 29 日，阿里健康公告，正式与阿里巴巴集团签署协议，以约 18.28 亿阿里健康股份，即 106 亿港元的价格收购天猫医疗器械及保健用品、成人用品、医疗和健康服务等业务。6 月 25 日—26 日，阿里健康连续爆出两笔投资：一是与漱玉平民大药房已经正式签订增资协议，投资额达 4.54 亿元，股权占比为 9.34%；二是与华人健康签订战略合作协议，深耕区域医药零售市场。

官方数据还显示，截至 2018 年 3 月 31 日，天猫医疗器械业务的年度商品交易总额已达人民币 205.61 亿元，涉及 8550 万活跃买家和超过

3300 名入驻商家，其中不乏欧姆龙、鱼跃、强生、博士伦和杜蕾斯等知名品牌。

而由阿里健康代运营的天猫医药类目商品及阿里健康收购的保健食品类目电商平台服务业务交易总额合计超过人民币 300 亿元，电商平台服务收入达到人民币 1.71 亿元，同比实现 324.1% 的增长。

这表明，阿里健康掌握了超过 500 亿元的医药器械及保健品电商业务的入口，加上阿里健康自营的药房业务，无论在流量还是交易额方面都不容小觑。2019 年 5 月，阿里健康发布的财报数据显示了阿里健康各细分业务的营收情况，2019 财年 50.96 亿元营业收入中，其中医药自营业务营收占比 82.9%，医药电商平台业务营收占比 13.5%，合计 96.4%。这也意味着，医药电商业务挑起了阿里健康营收的“大梁”。无论从平台 GMV（成交总额），还是从用户规模、活跃度等方面进行评估，由阿里健康运营的医药电商平台业已成为国内第一大医药电商平台。当然，这其中有淘宝、天猫、支付宝的流量优势，但是也从侧面体现了阿里健康电商业务在供应链管理、会员管理方面的强大能力。

值得注意的是，电商业务并非阿里健康的“终局”。目前，阿里健康还在深耕医疗业务，包括就诊流程的打通、医疗支付领域的投入、医疗人工智能方面的布局等。而阿里集团在医疗领域的诸多投入，未来或将由阿里健康这个“中台”来驱动。

（三）京东医药：多板块齐发力，形成合力最重要

整体而言，京东在医药业务上的布局分为四块：B2B（药京采）、B2C（京东大药房）、O2O（京东到家）和京东互联网医院。另外，京东金融、京东云、京东物流等板块也在向医药行业渗透。

京东大药房上线于 2016 年 5 月，到 2018 年，京东大药房经过两年的整合和孵化，其业务发展非常迅猛，收入接近一百亿元，甚至超过了

传统老牌连锁，如老百姓大药房，成为线上线下最大的零售医药业务体。如此发展，基于京东在自营业务的品牌与客户信赖，再加上这两年的高速发展，让京东健康成为“医药销售”产业不容忽视的力量。传统医药工业厂商，如GSK，正大天晴等都选择和这个新生巨头进行战略合作，更多的医药工业厂商也频频加强联系。

与此同时，京东健康在B2B业务上集中发力，上线了自身的批发业务体“药京采”。通过前期积累行业认可，以及京东核心两大优势——数科和物流，把业务的大手伸向地市级别流通商和中小药店等第三方终端，第一年上线就进入到行业前列。

药京采积累出的采购优势，正在转化成对上游工业的更强的谈判优势。在此期间，这些更具价格优势的产品也正在慢慢俘获中小型流通企业和零售企业的芳心。这块业务交给京东黄埔走出的管培生来带，可见对这块重视程度，而且未来几年京东也会在这里有压倒性的投入。

据其内部高管所说，产业互联网的核心就是B2B，如果这一块做好了，就是一张独立的线下大网，将会是京东健康的新客户发源地之一，也是专属京东健康的前置仓。

目前，为了更好发展自身核心业务，京东采取了不怕做重，不怕做长的一贯战略。与此同时，其自身打造互联网医疗也正在和线下医院慢慢融合。

2018年京东在医药业务上的主要动作包括：6月，京东物流开放升级，为医药供应链提供一体化解决方案；9月，京东云发布医疗健康战略，凭借“线上多渠道触达+线下解决方案落地”模式，与医疗健康产业的专业合作伙伴联手，用科技“赋能”医疗行业。

（四）七乐康：“医+药+患”协同发展，平台升级正当时

2018年8月1日，七乐康宣布完成新一轮战略融资，由高特佳投资

领投，本轮融资将用于打造“医 + 药 + 患”的线上诊疗完整业务闭环。

七乐康于2010年在广州创立，作为政府授权的医疗机构，凭借领先的信息技术研发能力和完整的医疗产业布局，七乐康通过其互联网医疗系统为医生、患者、医院、药企搭建了高效和值得信赖的生态服务平台。历经七年发展，业务已经涵盖互联网医院、移动医疗、医药电商、连锁药店四大核心板块。

在互联网医院方面，据其官方表述，截至2018年，七乐康已成为全国处方量最大的互联网医院。七乐康互联网医院具备完善的数据系统，包括电子健康档案系统、电子病历系统、电子处方与在线医嘱系统、远程诊疗系统、处方审核与药品配送系统、支付与结算系统等在线系统功能。为医生提供了一个多点执业的网络平台，还通过实现区域医疗信息互通互联，推动医疗资源的均衡匹配，让优质医疗资源更容易覆盖到基层。

在医患方面，七乐康凭借“七乐康医生”APP，分为医生和患者两个端口。医生端产品定位于慢性病诊疗和管理，帮助医生完成患者管理、医患交流、电子云病例、诊后随访、用药推荐等多项服务，是医生随身的空中诊室；用户端可以同时为数十万人提供在线医疗信息交互，包括在线问诊、智能分诊、预约挂号、用药咨询、体检预约、处方查询、诊疗支付等多项医疗服务。

在药品方面，七乐康作为首批获得网上药品销售资格证的企业，拥有多家第三方销售平台，以及官方网站、移动端的自有平台。公司自主开发建立WMS（仓储管理系统）、供应链管理系统、OFC（订单处理中心系统）、基础数据库管理系统等多个先进系统，实现完全无纸化操作，对首营审批、收货验收、入库、出库复核、药品运输及冷链物流全过程进行管理，实现全面的后台跟踪及查询。

（五）健客：强化互联网医疗布局，打造业务闭环

2018 年 9 月 4 日，健客宣布获得 1.3 亿美元 B 轮融资，本轮投资由高特佳领投，HBM 等基金共同完成，A 轮投资方凯欣资本继续跟投。健客同时称，预计在 2019 年赴美上市。

据公开消息，健客本轮融资之后估值将达到 5 亿～6 亿美元，在上市前还将进行一轮融资，使得上市时的估值到 10 亿～20 亿美元。

健客成立于 2006 年，2009 年正式获得国家药监总局颁发的《互联网药品交易服务资格证书》，成为广东第一家合法正规的网上药店企业，多年来在同行业中持续领跑。

目前，健客拥有国内最大规模的网上药店，在线 SKU 达 68 万，累计服务过亿用户。同时，健客拥有业内规模最大的超过 1000 人座席的慢病管理服务中心，以及过万名签约医生，分 18 个科室管理超过两千万慢病患者。作为行业的领跑者，健客还发力布局“互联网 + 医疗”，已在全国布局多家实体医院和互联网医院。

2018 年 10 月 26 日，图木舒克市人民医院健客互联网医院项目在新疆图木舒克市正式启动运营，这是全疆第一家拿到互联网医院执业许可的医疗机构，意味着新疆首家互联网医院在当天正式成立。

（六）1 药网：互联网医药健康赴美上市第一股，B2B 业务增长快

美国东部时间 2018 年 9 月 12 日，1 药网母公司 111 集团在纳斯达克上市（股票代码：YI）。自此，111 集团成为中国互联网医药健康领域赴美上市第一股。业内人士称，1 药网在美国上市，将开启医药电商上市潮。

1 药网最初是 1 号店的一个子频道，从 2010 年开始业务；2012 年独立运营；2016 年，1 诊互联网医院上线；2017 年，B2B 医药平台 1 药城上线。111 集团的名称就来源于这三项不同的业务：1 药网、1 诊互联网医院和 1 药城，业内称为“三驾马车”。

111 集团 2017 年营业收入为 9.6 亿元，同比增长 10%；2018 年上半年营业收入 7.3 亿元，其中 B2B 产品营业收入 9720 万元，服务营业收入 3.245 亿元。

B2B 业务是 111 集团增长最迅速的板块，B2B 商品交易总额（GMV）在 2018 年第二季度达到 2.3 亿元，2018 年第一季度 1.6 亿元，同比增长 44.0%。

二、医药电商的下一战场是医药新零售

2017 年以来，未名企鹅宣布数千万 A 轮融资、七乐康布局“互联网医疗综合体”并获融资、药师帮完成 1.1 亿元人民币融资、1 药网与碧生源达成战略合作、健客与多家药企、保健品厂商达成合作等。

医药电商纷纷选择在 2017 年积极布局供应链、拓展医疗服务及引入资本助力，注定了 2017 年是医药电商发展的“分水岭”之年，对市场和用户的争夺将进入白热化状态。针对处方药网售限制、医保对接、专业服务欠缺等薄弱点，医药电商选择从供应链、互联网医院、移动医疗、线下药房等方面突破，既有“曲线救国”的迂回，又构建出不同于线下的竞争优势。

（一）供应链是医药电商生命线

医药电商的本质即为电商，尤其是其他领域的电商都已经发展成熟之后，医药电商可以从中学到不少经验，比如供应链、营销、管理、成本控制等。

纵观电商的发展历程，即证明供应链是电商生命线的过程。从早期

的 C2C 交易，到现在作为主流的 B2C，最根本的是供应链的变化。在自发的 C2C 交易中，最不受控制的就是商品交易的品质，而互联网最适宜推广复制的是标准化的东西，即意味着交易标的在质量价格等方面要保持高度的一致性，这就促使电商商品往更高标准化的路径上迁移，企业而非个人能够始终保持这种一致性，采购的一致性（或有平台能够验证交易标的属性并认证）又造就了企业或平台的口碑并形成品牌。亚马逊、阿里巴巴、京东都遵循此发展路径，其丰富的产品、标准化的交易流程同样适用于医药电商。

从医药电商的角度来说，最容易受到用户质疑的一点是，药品质量是不是可靠。从供应链入手同样是不错的选择，表现形式就是多样化的“正品联盟”和战略协同计划。业内最早开始“正品联盟”尝试的是 1 药网，当时即拉来不少大型医药工业企业为其背书，东阿阿胶、汇仁、白云山和黄等，此后这一联盟又不断有新的成员加入，涵盖隐形眼镜、保健品等多个领域。

医药电商引入工业企业、强化供应链还有一个重要目的，即丰富产品品类以满足用户需求。同为零售渠道，医药电商与线下药店相比服务对象并无差异，而药店的高渗透率、高覆盖率、高连锁率已经让用户没有多少理由去线上购买，并且医药消费不同于服装等需要那么多的个性化及自主性，即“创新”的可能性不大，医药电商可以发力的点在于药品种类的丰富性。

一般而言，药店常备 SKU（药品种类）在 2～3000 个，主要是囿于库存和管理成本的限制。而理论上来说，医药电商在 SKU 扩展上并无天花板。从前列的几家医药电商公布的数据可知，其 SKU 达到或超过 50000 个。很大程度上，用户是在线下找不到某款药品的情况下才选择医药电商这一渠道（某咨询机构的调研，显示这部分用户有很大的比率）。

供应链是医药电商的生命线。一是与医药工业的广泛合作为医药电商自身背书，创造了品牌；二是广泛的合作有助于扩充上架产品的品类，这在很大程度上会成为用户选择医药电商的理由。

（二）医药电商急需构建差异化

医药电商的 C 证，最早只能由连锁零售门店作为主体才可申请，即电商原本是作为线下零售的附庸存在，这也决定了二者之间巨大的不对等性，最沉重的两道“枷锁”由此而来——处方药、医保。

事实上，看起来“优先级”更高的零售门店，在处方的获取上同样不占优势，“以药养医”的医疗体制之下，医院跟零售渠道的药品分销比例约在八二之间。且不说处方药和 OTC 药品谁的利润更高的问题，仅数量一项，线下门店即天然占有劣势。传递到网上药店，时效性、专业性较连锁门店又有不及，市场情况可想而知。据动脉网统计，2016 年药品终端市场规模 14552 亿元，零售药店销售收入 3377 亿元，B2C 医药电商 286 亿元，医药电商相比药品零售市场 10% 不到。如图 6－1 所示。

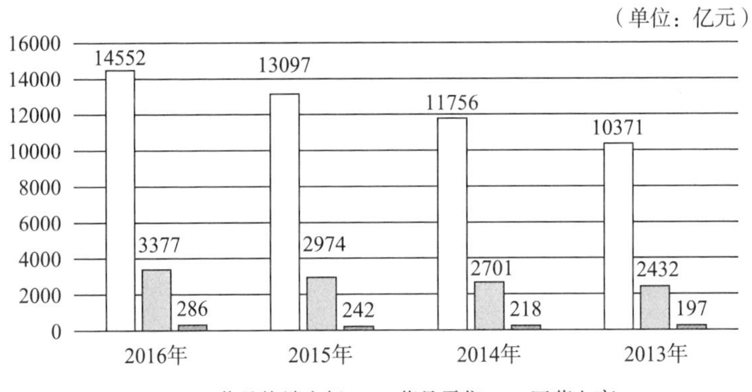

图 6－1　医药行业相关数据

在政策推动下，医改持续深入，处方开闸或成为医药电商业务拓展的重心。迎战处方外流，有三个方向可以选择，线下药店、DTP 药房、互联网医院。一是线下药店的问题是只能服务基于地理位置的对象，但如果信息化得当，即可大范围地提升服务范围以扩充服务对象，初步的设想可为“店仓”一体模式，即作为区域配送的仓库，可提高单店的利用效率；二是 DTP 药房是比较新的概念，即专门售卖创新药、进口药，其实也非常适合以互联网模式来做；三是互联网医院，在乌镇互联网大会后，互联网医院得到了飞速发展，远程医疗作为最普遍的接入形式，可通过药店的视频通讯设备、手机 APP、网页等有效联通医患，并开具处方，包括阿里健康、1 药网、健客、七乐康等医药电商均开始发力互联网医院，原因即在于增强专业服务能力和处方获取。

医保方面，在国内异地结算尚未成功推行的情况下，医药电商对接医保可能不太现实。不过亦有两个突破口，PBM 和商业医保。医保控费一直是医改重点，PBM 或医药电商留下发力空间，医药电商切入这一领域有系统的积淀，即药品数据和药品消费数据，并可利用与医药工业企业的良好关系介入商保方案设计，作为医药消费上下游的承接者。

对工业企业来说，在工业企业 - 代理商 - 零售模型中，对市场情况的判断较易出现失真，在工业企业 - 电商模型中，很容易追踪消费数据和产品流向，获得市场反馈数据，对产出过程有一定的指导价值，或能成为其积极拥抱电商的原因。

（三）未来可能回归线下

资本一直是助力医药电商发展的重要因素，当下能够实现盈利的医药电商企业并不多。无论是纯医药电商还是平台类医药电商，或上市公司控股的医药电商，成本和营业收入之间的平衡点很难达到。在此背景之下，资本的持续注入能够帮助医药电商企业增强自身实力，同时积极“破局”。

现在医药电商对线下的渗透尚浅，未来线上线下一体的业务模式或更能在市场竞争中崭露头角。细数现在发展得较好的几家医药电商，大致可以分为两个阵营，互联网公司和零售连锁基因。互联网公司强调快速布局和C端用户的拓展，营销上比较占优势；零售连锁把电商业务作为补充，重心还是放在线下的收/并购，比如一心堂、老百姓，一年能收购几百家店，但是针对电商的资源投入相比之下就少很多。如果零售连锁和互联网基因的公司能够合作，线上线下一体的发展模式才会产生“化学反应”。

合作方式上，可能包括零售连锁引入互联网团队或者直接并购相关企业，或者二者深度合作，在业务层面进行联合运营。

2016年以来几家医药电商屡爆巨额融资，累计融资有数家都超过10亿元，在没有清晰盈利支撑的情况下，这种融资不可能继续进行下去，更别谈登陆资本市场，拥抱零售连锁的资本力量是不错的选择。陆晟认为，医药电商资本引入更倾向于行业资本，大型零售连锁有较强的资本实力同时可以有效接纳业务，会成为医药电商融资之外的另一个选择。如表6-1所示。

表6-1 2014—2017医药电商融资情况

企业名	最后一轮融资	金额（默认人民币）	累计融资	投资方
1药网	2015/10/16	D轮10亿	超15亿	不详
上药云健康	2016/3/19	A+轮1.35亿	约13亿	章苏阳、京东、IDG资本、软银中国等
中药材天地	2016/9/1	C轮未透露	约10亿	英菲尼迪、崇德投资、中卫基金等
七乐康	2017/2/15	C轮未透露	超10亿	启迪创投、江苏高科、长江国弘
健客	2016/1/28	A轮1亿美元	约7亿	凯欣亚洲
叮当快药	2016/12/29	A轮3亿	约4亿	春风创投、同道资本
康爱多	2014/9/1	3.5亿被并购	3.5亿	太安堂
健一网	2014/6/1	A轮3亿	3亿	上海国际创投

续表

企业名	最后一轮融资	金额（默认人民币）	累计融资	投资方
快方送药	2015/9/17	B 轮 2 亿	约 3 亿	九合创投、竞技创投、天图资本
药师帮	2017/2/8	B 轮 1.1 亿	约 2 亿	常春藤资本、复星医药、松禾资本等
药品终端网	2015/12/12	B 轮 5000 万	约 1 亿	经纬中国、纪源资本 GGV、险峰华兴、喻志云
360 健康	2016/7/19	A 轮数千万	数千万	软银中国
药给力	2015/6/4	A 轮数千万	数千万	联创策源、同渡创投、平安创新投
云开药网	2016/1/1	数千万美元	数千万美元	北极光创投
药材买卖网	2017/3/23	A 轮 2000 万	2000 万	上海健康医疗产业投资基金

事实上，中国医药电商的发展可以参考美国，对标企业为沃尔格林。它既是全美最大的零售连锁，也是最大的医药电商。它一开始也是零售起家，在发展过程中自己内部孵化了电商业务，也并购了好几家医药电商，最后才成长为全美第一的体量。

从行业综合情况来看，美国医药电商和零售渠道之比约为 3 ∶ 7。相较之下，中国医药电商的成长空间还很大，如果能够把线上线下的优势结合起来，就是双赢过程。现在都在讲新零售，新零售就是线上线下协同，医药零售也一样，传统连锁积极拥抱互联网，医药电商回归线下，演变为医药新零售。

延伸阅读

2018 年 12 月，国内领先的医药健康数字化零售平台泉源堂与广东美加康药业连锁股份有限公司达成战略合作，30 余家位于广州等地的门店纳入泉源堂医药新零售运营体系。

值得一提的是，这是泉源堂2018年在医药零售热土广州梅开二度，此举意味着泉源堂正加码对华南市场的渗透，以其独到的医药新零售业态布局广州，为广州用户打造数字化健康消费生活。

泉源堂在广州开启医药新零售的新布局

处方外流等政策红利持续释放，以及“互联网+医药”形态的成熟应用让药品零售市场充满了想象空间，泉源堂将新零售业态无缝接驳至药品零售领域，让药店成为承接线上线下用户和专业服务的重要载体，普通人的医药健康消费变得垂直化和数字化，外界普遍认为泉源堂做全国化布局拥有“数字化内核”。

作为华南医药零售市场的生力军，广东美加康药业连锁股份有限公司成立于2015年4月，公司集中西成药、参茸滋补、保健养生、医疗器械、个人护理、家居生活等近万个经营品项于一体，主要涉足医药零售、中医门诊、网上商城、咨询管理等多种经营业态，总部位于改革开放的前沿阵地广东省广州市，目前已在广州市天河区、越秀区、海珠区、白云区、荔湾区、番禺区，以及湖南省省会长沙开设门店数近30家。

此外，本次合作也很明确，有着丰富线下药店运营管理经验的美加康管理团队将平移至泉源堂，从物到人的全方位联动将助力于泉源堂全面布局广州，丰富泉源堂医药新零售布局的区域结构，通过大数据、信息化赋能在当地搭建起泉源堂智慧药房线上线下运营体系，改造羊城用户日常医药健康消费场景及体验，并为泉源堂持续拓展华南市场做了重要铺垫。

早在2018年年初，泉源堂便发起了对一大型医药零售连锁企业在广州门店及资产的收购，宣告泉源堂开启在广州的新零售布局，加上本次与美加康的战略合作及自建门店，泉源堂在广州市场门店数量即将突破50家。2018年“11·11”期间，泉源堂广州门店联合阿里健康等众多平台，上线“24小时营业、30分钟紧急送药”等服务，取得不错反响，泉源堂医药新零售效应正在广州显现。

泉源堂董事长李灿表示，广州作为全国核心城市群之一，是泉源堂医药新零售战略的重要版图，在资源富集、“互联网+医药”土壤更加醇熟的这片岭南热土，泉源堂将通过收购及自建门店的方式，继续发挥在泉源堂医药零售领域的线上线下数字化融合优势，打造广佛都市健康生活服务圈，为广大用户带来更美好的健康管理服务体验。

泉源堂医药新零售尽露峥嵘

作为医药电商前三甲，医药新零售先锋，泉源堂在全国跑马圈地有着绝佳的时代注解，其并购整合的意义在于业态的快速落地，并服务于用户。

随着零差率、药占比、按病种付费等医改措施的推进，处方外流将会是必然趋势，这必然会给零售药店带来增量。据相关数据显示，2017年零售药店终端市场规模达4003亿元，同比增长9%。

针对线下端的药店，以系统化的互联网思维及打法切入医药零售市场的泉源堂，将其赋予了特殊意义，并推动做药店本身的自我颠覆。依托于品类拓展、供应链整合、数字化管理、专业药学服务等核心要素，泉源堂门店坪效及数据运营能力全面跃升，医药新零售已成为泉源堂重要的行业识别标签。

2018年“11·11”期间，泉源堂继续保持业绩的高成长性，联动阿里健康等五大平台及位于成都、广州、重庆、西安的72家智慧药房，取得阿里健康新零售连锁药房成交量全国第二的佳绩，单店产出全国第一，线上线下业绩同比增长5倍，门店线上订单占比超7成，实现了门店规模化和营运效率提速。

“收购+自建门店将是我们做线下端布局的组合拳。”李灿透露，广州市场的收购动作将不会结束，泉源堂将在广州建设更具体验感和互动性的新零售旗舰药店，未来3年，泉源堂将在全国50多个核心城市开设1000家门店，做穿做透医药新零售这一业态，为更多用户的医药健康消费生活创造无限可能。

第七章

医药电商创新企业案例分析

一、互联网+医药创新平台——泉源堂

上线三年营业收入近5亿元，跻身医药电商全网前十，泉源堂成功秘诀何在？泉源堂可能是医药电商里成长速度最快的公司之一。

上线不到三年，营业收入接近5亿元，增长25倍；净利润增长近25倍，是医药电商里极少数盈利的公司之一；总资产增加33倍，不仅线上做到全国前十，更积极拓展线下，进行多元化业务布局。

（一）四代医药世家，触网医药电商

泉源堂的故事，起始于1902年。四川名医李希臣于当年创立泉源堂，开馆行医。以其仁心仁术，福泽一方。百年中，家族脉络始终未离开一个“医”字。

2012年，李希臣创立医馆110年之后，泉源堂第四代传人李灿成立成都泉源堂大药房连锁股份有限公司，进入医药零售领域。两年间，泉源堂在四川成都及蒲江地区开下17家门店，销售收入超过了2000万元。2014年，泉源堂谋划进入医药电商领域。

泉源堂于2014年进入医药电商领域的原因：一是医药电商政策逐

渐明朗化，国家开始鼓励互联网+医药流通；二是传统医药流通企业、互联网大公司纷纷入局医药电商，彼时九州通、康美等开始上线医药电商项目，阿里巴巴刚刚拿下拥有“95095”平台的中信21世纪，布局在线医药零售；三是医药电商表现出了非常高的成长性，保持了200%以上的市场增速，并且后市规模庞大。

基于行业风向、原有业务基因，泉源堂选择在彼时进入医药电商领域，并期望通过电商这个高速发展的新渠道成长为全国性品牌，成为全国老百姓真正的“身边大药房”。

泉源堂在广州组建了独立的医药电商团队。而之所以选在广州，是因为广州是全国医药电商的高地，当时全国前三的医药电商都是广州的企业，泉源堂在此组建医药电商团队，可以更好地融入医药电商环境，学习医药电商运营经验。

从零开始，泉源堂很快在天猫、京东开设旗舰店，仓储、物流体系亦稳步搭建。到2015年1月，泉源堂已实现月销售额过百万，几个月时间，泉源堂成为两大平台医药类上升最快的店铺。

（二）品牌运营：泉源堂成功的“秘诀”

2015年是泉源堂最重要的“事业上升期”。这一年，泉源堂完成了新三板挂牌上市、第二轮股票发行并成功融资4020万元；收购蒲江申通快递有限公司；新建一万平方米的仓储中心通过GSP认证；布局PBM业务，开始探索医药电商和保险相结合的多元业务体系。

最重要的是，泉源堂电商业务在这一年得到了长足发展，电商收入从不足百万上升至七千多万元，营业收入占比从2%上升至75%以上，泉源堂全面转型为“医药零售+互联网”的创新型公司。

泉源堂在2015年年报中表示：电商板块的收入比例由2014年的2.28%上升至2015年的75.05%，主要源于在各电商平台（天猫医药馆、京东、万达城市云等）销售迅速增长，在京东“6·18”、天猫“11·11”等活动中斩获佳绩。其中，泉源堂于2015年“11·11”当天线上销售突破1500万元，拿到了天猫“‘11·11’销售进步奖”。

泉源堂在2015年高速成长最重要的原因是坚守品牌运营战略。

医药电商领域，或者放大到整个电商领域，大致经历了三个发展阶段：一是流量为王的阶段，从2004年淘宝平台建立到2009年京东开始发力，走的都是爆款路线，以爆款带流量，短期流水数据非常好看，但缺乏持续性；二是供应链为主的阶段，自2012年始，从业者开始认识到电子商务的核心还是商品，从商品的品类、商品的组合上下功夫，去满足消费者的需求，提升平台价值；三是2014年之后，即进入品牌运营的阶段，从消费者需求、大数据、线上线下结合的角度出发，包括当前风口“新零售”方式，其实也是为了塑造电商的品牌。

从医药电商行业的实例来看，流量运营是2014年之前的重点，当时一些商家打造了诸多爆款，出现了各种单一商品的标签，但是他们仅止于爆款，没有挖掘爆款之后的商品运营和商品组合优势，把流量持续利用起来，并真正建立以消费者需求为核心的供应链及服务闭环，让用户真正对药房电商品牌产生认可并持续消费。

而泉源堂一开始走的就是品牌运营的路子，建立了专门的药师团队、运营团队，在运营思路上与爆款、流量的打法有所区隔。

泉源堂陆续组建了100多人的药师团队、20多人的执业药师团队；按病种分成了专科运营队伍，为用户提供了所有药品的咨询、随访和健康管理服务。

举个例子，用户3点钟在平台买了一个饭后服用的药，那么泉源堂的回访团队可能会在6点给他打电话，提醒服药及相关用药注意事项。正是这一系列的品牌运营，让泉源堂短期内创造了用户口碑。

注重线上线下的结合。泉源堂线上的SKU品类丰富，同时依托线下的众多门店做服务，用户在线下找不到的药物可以去线上，线上线下有非常好的协同效应。

电商最重要的一个指标是复购率，泉源堂纯线上的复购率是35%，线上线下结合的复购率是50%以上。基本上用户在体验一次泉源堂的服务之后，就会再次进入泉源堂线下药店或网上药店。

2016年，泉源堂延续了前一年的高速增长：5月，成为成都市食药监局批复的“互联网远程处方”试点单位；9月，第一家DTP药房顺利落地，拓展了院外销售新渠道；同月，泉源堂子公司泉依健康发布第一款互联网保险产品“糖保宝”，是彼时国内唯一一款糖尿病患者可投保的商业保险，泉源堂PBM业务正式落地；11月，完成资产重组，形成“医药零售+医药”批发的协同布局。

泉源堂的快速成长，也可从财务数据得到佐证。据历史财报，自2014年始，泉源堂资产增加逾15倍；营业收入增加25倍，接近5亿元（2016年年报）；净利润增长25倍，成为医药电商行业里少数盈利的公司之一。如图7-1所示。

图7-1　泉源堂历史营业收入数据

（三）线上线下结合的互联网医药创新平台

从整个行业看，2014年至今，医药电商取得了飞速的发展。从最直观的市场规模看，2014 年网上药店规模不足百亿元。据艾媒咨询数据显示，2018 年，医药电商交易规模达到 1234.4 亿元，2019 年预计突破 1500 亿元。

泉源堂成立“云医药事业部”，发展智慧药房，专注提升传统药店的互联网及 O2O 属性。除此，泉源堂还通过与互联网医疗机构合作，打通与医院的数据接口，配合互联网医院的药品配送，使患者享受到更方便快捷的全流程诊疗、处方、用药咨询、药品配送、保险理赔等服务。

从产业层面看，医药电商互联网交易服务资格三证取消之后，政策性门槛降低，医药电商行业的入局者增多。对用户有持续的教育引导作用，用户网上购药的接受度也越来越高。

从泉源堂自身看，多业务协同、规模效应、线上线下打通将成为未来发展的核心优势。线下药房、医药电商、医药流通、保险服务、健康管理是泉源堂目前布局的核心，以此形成“互联网 + 医药”的创新平台。如图 7 –2 所示。

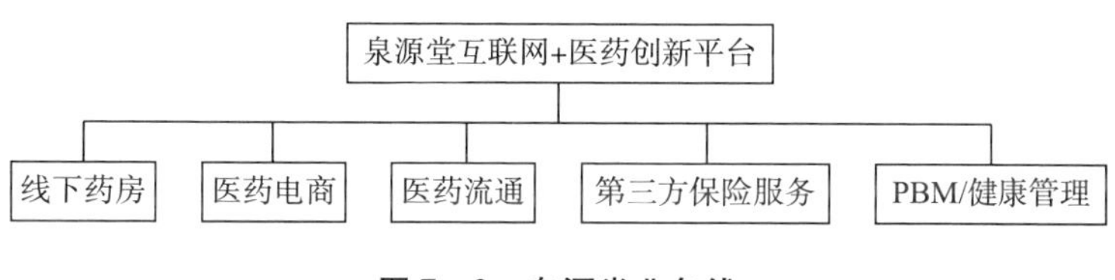

图 7 –2　泉源堂业务线

（四）泉源堂在医药零售方面的未来布局

泉源堂非常重视与互联网医疗的结合，拓展方式为合作。目前，泉源堂已经与腾讯腾爱医生、微医、富顿科技等达成合作，将优质的药事服务能力与这些公司的医疗服务能力进行充分嫁接。

当下主流的几种医药零售方式，医院药房与医疗服务绑定，流程烦琐；线下零售不是从用户需求出发，而是销售导向。相对而言，线上零售嫁接了电商基因，从用户的需求出发，更能够解决用户的心智问题，把三者的优势结合起来，线上线下打通，让医药零售完成进化。

未来三年，泉源堂将在全国布局1000家新零售门店，完成“线上+线下”的布局，让用户享受到触手可及的便捷服务。

“互联网+医药”为医药电商发展带来了很好的土壤，逐步放开的政策释放了足够多的红利，哺育了医药电商公司的发展。泉源堂在正确的时间以正确的方式切入，并以高效的运营、精细的管理和需求导向性的服务获得用户认可和市场口碑，快速发展，在“互联网+医药”创新试验田中占有了一席之地。未来，泉源堂或巩固已有优势，围绕医药核心布局，做优服务，做大市场。

二、垂直服务型电商——云开亚美

在众多医药电商企业中，云开亚美的发展可谓独树一帜。其不以流量和价格战取胜，而是选择了垂直服务型电商的发展之路，并获得了市场和资本的认可。动脉网采访了云开亚美副总经理黄慧，揭开了云开亚美的发展历程。

（一）瞄准慢病、特殊疾病领域的药物需求

云开亚美创始团队成员来自药企一线市场团队，此前主要做器官移植药品的临床代理工作，积累了专病服务和专病药物推广的市场经验。2011 年，网上药店开始起势，创始团队希望利用互联网平台来聚合患者，并为其提供药物和附加服务。

云开亚美核心逻辑是“网聚终端患者需求，打造医药营销新路”，致力于发展在线数字 CSO 平台。

成立伊始，云开亚美就确定了专病领域医药电商的商业模式。其路径有三个：一是考虑哪些病种能够做在线 CSO，主要考量疾病的发病率、临床用药特点、医生需求等；二是按病种确定有价值的品种，并制

定数字推广策略；三是搭建医师服务、药师服务团队，为患者提供持续的医学和药学服务。在服务过程中，可逐步形成患者数据库，以便后续营销策略的改进和提升。

服务能力是云开亚美模式能够跑通的重要原因。云开亚美上线之后，陆续组建了自有的药师团队，与移动医疗平台合作嫁接医生资源，完成了诊疗和药事服务的闭环搭建。

通过互联网平台聚集患者，然后解决其后续诊疗和用药服务的需求，提高了患者的留存率，所以患者的黏性非常好。

因其独特定位和服务模式，云开亚美自成立以来高速发展，在 2011 年获得了海正药业的基石投资；2013 年拿到浙江省最早颁发的一批互联网药品交易 C 证；2014 年交易额过亿；2015 年完成北极光领投、华盖资本跟投的 1 亿元人民币 A 轮融资；2016 年交易额近 3 亿元，达成多项产品的 CSO 独家合作。

云开亚美自有药师团队 150 人左右，专病重点药品 SKU1200 多个，黏性患者 200 多万，半年复购率高达 70%。

（二）骨科单品销售额超 5000 万元

复盘云开亚美的发展历程，其在骨科领域产品的成功运营最具代表性。该系列产品主要面向股骨头坏死人群，股骨头全国约有 700 万患者，病员较为分散。发病早期症状较轻，患者及家属容易忽视；在治疗过程中，患者病情缓解后容易出现侥幸心理而放弃或延缓治疗，错过规范的保髋治疗时机；临床治疗多以手术换髋为主，患者接受程度较低。

针对以上情况，云开亚美上线了“骨坏死康复助手”，为患者提供骨坏死科普、诊断、医生预约、用药、二次诊疗的完整服务体系，帮助患者抓住骨坏死治疗的最佳治疗期。

围绕骨坏死治疗及康复，云开美举办及参与学术会议，提高保髋治疗的学术地位，建立保髋专家团队；推广重点医生品牌，打造专家网红，提高专家门诊量；专家背书，在线读片，为患者提供增值的医疗服务，介入二次诊疗；利用新媒体塑造并传播优质患者病例；执业药师长期跟踪，进行慢病管理，提高用药依从性；患者产生的数据将应用于营销、科研及临床。这一系列动作让云开美在骨坏死领域打下了口碑，也为骨科产品的代理工作打下了基础。

云开亚美 2017 年服务了 1.2 万名股骨头坏死患者，单品销售额超过了 5000 万元，预计未来将覆盖超过 12 万股骨头坏死患者，单品销售突破 3 亿元。

（三）转型服务是大势所趋

云开亚美专注于慢病、特殊疾病的医药服务，好比小船；阿里巴巴、京东这些互联网巨头及医药流通传统巨头进来之后，好比大船。小船要想比大船先到达，有两个方法：先出发，或者始终走与大船不一样的路线，这就是云开亚美能够保持高速增长的原因。

三、医药供应链中的比价网站——GoodRx

GoodRx（健康科技初创公司）是美国知名的处方药搜索比价网站，短短七年，它依靠独特的商业模式成长为独角兽。它在 2018 年 8 月初完成了新一轮融资，估值达到 28 亿美元，投资方是著名的科技私募股权公司 Silver Lake。

GoodRx 实时展示最新的药品价格，并且为用户提供购药优惠券。GoodRx 让药品价格更透明，从而改变美国医药供应链生态。未来，以 GoodRx 为代表的这些公司可能会代替 PBM，直接代表药店或患者与药物制造商进行价格谈判，深度参与药品供应链。

GoodRx 这类公司诞生的背景是什么？如何在竞争激烈的医药行业中脱颖而出？“他山之石，可以攻玉”，GoodRx 能为国内企业提供哪些启示？动脉网拟解答以上问题。

（一）解决药品流通中加价问题

GoodRx 的创始团队是脸书（Facebook）的两位前高管：特雷弗·贝兹德克（Scott Marlette）和道格·赫希（Doug Hirsch）。早期的投资者也表示，当初选择投资 GoodRx 完全是看中两位创始人的聪明才智。谈及为何要创立 GoodRx，特雷弗·贝兹德克这位前 Facebook 的元老级人物表示，我们应该做到赋权用户，而不是想要教育用户。

医疗健康领域在发生巨大的改变，许多公司都在进入这个领域并且尝试改变，但是它们的产品大多数是以医疗卫生系统为核心，而不是简单便捷地满足消费者的需求。比如随时记录消费者的健康数据，当然这很有用，但是由于不是满足消费者最迫切的需求，消费者的行为改变也就缺乏一定的动力。

于是，两位创始人在否定无数个项目后，想出来做处方药搜索比价。GoodRx 秉承 Facebook 简单、易用的基因诞生了。在 GoodRx 中，只要输入处方药物的名称和邮政编码，应用就会显示一个药品价格地图，用户可以查看本地药店和邮购药店里的品牌药和仿制药的价格，进行对比后决定在哪家药店购买。搜索之后，GoodRx 没有直接卖药功能，而是售卖购药优惠券，也就是俗称的 coupon。售卖优惠券的模式在美国并不新鲜，著名团购网站 Groupon① 主要业务也是售卖优惠券。美团成立之初也是模仿 Groupon 的模式。

2017 年，美国药物销售额约为 4500 亿美元。然而，美国越来越多的人购买高免赔额的医疗保险或者没有医疗保险，令人咋舌的药品价格差让消费者无法承担。以辉瑞生产的降脂药阿托伐他汀（通用名立普妥）为例，这种药批发价为 9.04 美元，保险折扣价格为 5.08 美元，而病人现金支付的价格可能是 129.98 美元。

造成这种差异的原因有两个：一是消费者采用不同的支付方式，药店提供的价格也会不同，这些支付方式包括现金支付、优惠券支付、保

① Groupon：最早成立于 2008 年 11 月，以网友团购为经营卖点。其独特之处在于：每天只推一款折扣产品、每人每天限拍一次、折扣品一定是服务类型的、服务有地域性、线下销售团队规模远超线上团队。成立时间为 2008 年 11 月，以美国和欧洲为主要销售地点。

险共付；二是不同的药店零售价格存在差异。

由于美国执行严格“医药分家”策略，而医药流通涉及大量的第三方机构。药企和PBM公司或者保险公司进行价格谈判时会涉及折扣和返利，比如美国最大的药店CVS，旗下也拥有最大的PBM公司Caremark（美国最大的药品零售商），消费者如果采用不同的支付方式就可能得到不同的药品价格。

而药店的零售价格差异，GoodRx联合创始人赫希（Hirsch）认为原因在于流通过程加价过多。他在接受医疗科技信息网站Medgadget采访时说道：“首先，药企设定了一个药品价目表，也就是所谓的批发收购成本（WAC），然后药品生产商以2%～5%的折扣将药品出售给批发商。其次，批发商设定平均批发价（AWP），即标价加加价——通常在20%左右。批发商最后会把药品以微小的折扣卖给药房。通常药房会设立一个一般价格（U&C），U&C的价格在不同的药房差异很大，也就是消费者需要买单的价格。”

赫希称：“消费者选择使用现金支付、保险共付、优惠券支付都将造成价格差异。”这个差异正好是GoodRx切入美国处方药销售的链条的入口。

有人可能会好奇为什么监管部门没有对此进行限制，因为国民医疗保险就是最大的支付方，也就是药企最大的购买方，法律规定政府不可以对此进行限制。

GoodRx主要面对的人群就是没有医疗保险或者购买了高免赔额保险的消费者，提供优惠券，让他们获得比直接去药房更低的购药价格。不过随着GoodRx的扩张，如今有医疗保险的人也会在GoodRx进行搜索。因为有时候使用GoodRx的优惠券支付，会比和保险共付的模式更便宜。

目前，该应用已经覆盖超过75000个美国国内药店网站，公司数据库包含超过6000个品牌和价值超过100多万美元的仿制药。自2011年公司成立以来，该公司的网站和移动应用程序帮助美国人节省超过 65 亿美元。每月有超过 1000 万美国人使用 GoodRx 来降低他们的医疗保健成本，并且超过三分之一的美国医生向患者提供有关 GoodRx 的信息。

GoodRx 主要的盈利模式则是为处方药做广告。当用户使用的 GoodRx 的折扣卡和优惠券时，GoodRx 会进行一定比例的抽成。这听起来和 PBM 的业务类似，实际上，GoodRx 也就是通过 PBM 进行抽成，而不是直接同药店及药企进行价格谈判。除广告之外，GoodRx 也提供数据分析、药物价格追踪、提醒等业务服务。

（二）市场未来竞争在于谁能直接拿下药店

GoodRx 提供的行业业务护城河不高，竞争对手发展也很迅速，GoodRx 的竞争对手健康医疗创企（Blink Health）自 2015 年以来已公开募集 1.7 亿美元资金，并在其合作的药店中为超过 1.5 万种药物提供折扣。Blink 可以让用户在线上买药、线下取货。GoodRx 提供给用户优惠券买药，而 Blink 则是直接提供折扣的药物。

Blink 创始人柴肯（Chaiken）表示："我们重新定义了整个行业，我们是首个支持患者在线购买药物，并且在零售药店取药的公司。" Blink 称，目前他们的月活跃用户已达到 100 万，但是拒绝透露具体多少会员。

Blink Health 和 GoodRx 一样是在 PBM 之下提供服务，Blink Health 和 PBM 公司 MedImpact 合作，可以使用 MedImpact 的 2500 万会员及其药房网络。不过 Blink Health 也和药企展开合作，目前，Blink 已经和多家制药公司达成了合作，包括礼来的胰岛素折扣项目。能够和药企直接进行议价，看起来，Blink Health 在重构美国医药供应链上更有看头。

药价高在国内同样是难题，那么通过处方药搜索来降低药价有没有可能呢？目前来看，中美医疗环境差异较大，虽然在国内，来自易凯资本的报告显示，一般在药品经销商环节的加成一般在60%，在物流环节的毛利一般在7%，在下游终端营销环节的毛利率在30%左右。药品同样要经历多次加成，但是到目前为止，美国院外处方药市场占比在70%，集中度比较高，而我国院外处方药市场占比仅为23%。①

目前在国内DTP药房和处方外流都尚处于发展的初级阶段，想要通过搜索进行处方药价格压缩前景还并不明朗。

除此之外，GoodRx主要的变现模式是通过为处方药营销，美国的处方药是允许针对患者进行营销的。据尼尔森数据，2015年美国药企花在DTP模式的营销费用就高达51.7亿美元。但是在国内处方药不能直接面向大众进行推广和营销，所以这条路在国内依然很难效仿。

在非处方药领域，京东到家、叮当快药、快方送药等已经能够实现送药上门服务，国家也鼓励“网订店取，网订店送”模式，GoodRx的竞争对手Blink Health的“优惠券+O2O”模式或者有一定机会。

---

① 数据来源：北京宝来通数据研究院数据。

四、颠覆新零售布局医疗——亚马逊

亚马逊的成长之路就是投资之路，从线上书店到全品类电商，从云服务到 AI，亚马逊总是敢为人先地布局那些鲜有人看好的业务。但“神奇”的是，事情的走向总会证明亚马逊的前沿投资是合理的。

从 2017 年开始，亚马逊加大了在医疗领域的布局，包括投资癌症检测公司 Grail、收购全食超市获得药品零售点、组建医疗科技团队 1492、与巴菲特成立医疗合资非盈利公司、收购在线药房 Pillpack。

（一）亚马逊简史：稳守主业与有序的多元化

亚马逊由杰夫·贝佐斯创办于 1994 年 7 月，公司注册在美国特拉华州，原因是该地税收较其他地区便宜。

1995 年 7 月，Amazon. com 上线，公司最早的业务是在网络上销售书籍，出售的第一本书是侯世达的《流体的概念和创意类比：计算机模型的基本机制的思路》。10 月，亚马逊公司开始面向公众提供服务。在最初的两个月中，其商品销往了美国 50 个州及其他 45 个国家，每周的销售额达到 2 万美元。

1997 年，亚马逊在纳斯达克证券市场公开募股，其第一份商业计划与众不同：它并不急切地期望在四五年内实现大的盈利。这种“缓慢”的增长引起了许多股东的抱怨，他们认为这家企业的业绩增长不够迅速，无法使他们的投资获得合理的回报，甚至无法令公司在竞争中存活。

然而当互联网泡沫于 21 世纪初爆发后，亚马逊公司并没有像大量的电子商务公司那样倒下，而是一直生存了下来，并最终成为互联网零售业的巨头。2001 年的第四季度，亚马逊首次实现了盈利：财报显示当季营业收入超过 10 亿美元，净利约 500 万元。这或许证明了贝佐斯非传统的商业模式获得了成功。

目前亚马逊的主要产品及服务有：

在线零售业务——全品类电商，以及西雅图、贝尔维尤、柯克兰等地区的生鲜电商。

线下零售业务——亚马逊花 140 亿美元收购了一家绿色食品连锁超市，美国健康食品超市 Whole Foods，它有 400 多家门店。

消费电子产品——Kindle、平板电脑。

媒体出版业务——亚马逊音乐、视频、IMDB 网站。

软件技术服务——AWS 云服务、AI、语音技术等。

2017 年亚马逊销量在美国网络零售额比例为 34%，预计 2027 年比重将达到 53%。这也意味着，亚马逊销售在美国整体零售额中的占比 2017 年为 4%，2027 将达到 12%。亚马逊 2017 年营业收入为 1779 亿美元，在财富 500 强美国公司中排名第 26。如图 7－3、7－4 所示。

商务部对外投资和经济合作公司资料显示，美国网络零售 2018 年预计为 4450 亿美元，预计 2027 年美国在线零售额将突破 1 万亿美元。美国电子商务协会数据显示，2017 年网络购物占美国零售总额的 12%，网络购物销量占全美线下与线下总销售的比例会越来越大。

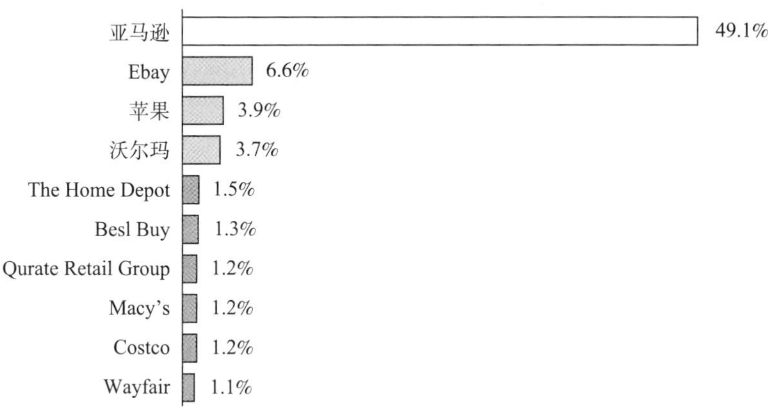

图 7－3 2017 年美国电商公司市场占比情况

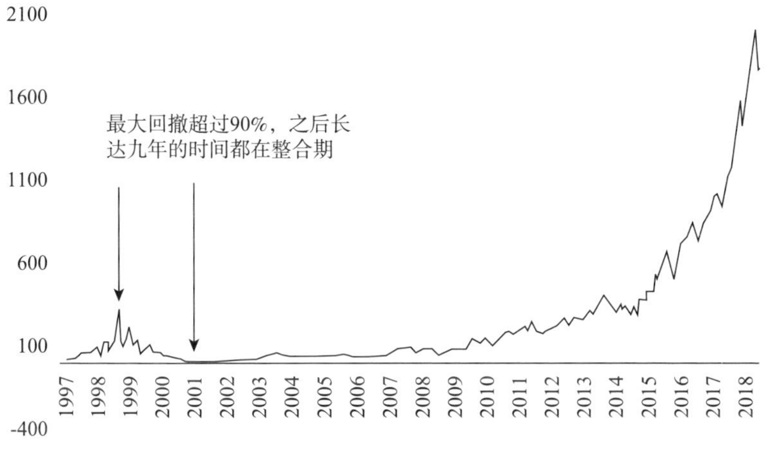

图 7－4 亚马逊股价走势

（二）亚马逊医疗业务布局梳理：步步为营的计划

医疗行业对亚马逊的吸引从其一开始建立就存在，1999 年到 2000 年，亚马逊就向 Drugstore. com 进行了投资，计划将其电子商务业务扩展到药店领域。但最终因为中间商、监管机构等原因，它的雄心壮志戛然而止。

2017年左右，亚马逊重启了其在医疗业务上的雄心。如表7－1所示。

表7－1 亚马逊医疗布局时间线

时间	动作
1999－2000年	投资 Drug store. com，后折戟。
2016/8	组建亚马逊 Business Professional Healthcare（是面向教育、医疗、政府 B2B 采购平台的一部分），这是一个在线的医疗用品平台，经营10多万种医疗产品。据 Heslthcaredive 报道，亚马逊 B2B 采购平台第一年销售收入超过10亿美元。
2017/7	组建医疗科技团队1942的消息揭秘，业务方向是电子病历和远程医疗。
2017/8	亚马逊上线“Basic care”非处方药线上购买平台，主要销售疼痛、感冒、过敏等常用药。
2018/1	亚马逊、伯克希尔哈撒韦、摩根大通三家公司宣布合作，他们将为其在美国的员工组建一家独立的医疗保健公司；2018年6月，该公司任命 Atul Gawande 为 CEO。
2018/6	花费约10亿美元收购 Pillpack。
2018/9	亚马逊、埃森哲、默沙东达成合作，方向为药物开发。
2018/9	亚马逊和谷歌一起投资 Aiva，这是一家使用智能扬声器将患者和老年人与医疗服务提供者联系起来的创业公司。
2018/11	亚马逊第二总部分别落户纽约长岛和佛吉尼亚州阿灵顿县。
2018/12	亚马逊和欧姆龙达成合作，亚马逊旗下 Alexa 将拥有血压相关的“技能”

概括而言，亚马逊目前在医疗领域的布局主要集中在三个方面：网上药店、医疗用品批发业务、医疗科技服务。

1. 网上药店

亚马逊以10亿美元收购网上药店 PillPack 之后，在医药分销领域取得了重大进展。通过这次收购，亚马逊可以为50个州的居民进行药品供应。PillPack 根据每个人不同的用药需求对药品进行分包装和分发，这非常契合亚马逊的理念。此外，PillPack 的处方药管理平台 pharmacy-

OS 与亚马逊的订单管理和履单服务很类似。

根据美国《药物供应链安全法案（DSCSA）》的规定，到 2023 年，药品供应链中的每一个实体都必须成为可互操作跟踪系统的一部分，每一个独立的单元（比如一个药瓶）都必须从头到尾能被追踪到。

亚马逊已经申请了批发药房许可证，结合从 PillPack 收购中获得的许可证，它只需要一个制造许可证就可以完成从端到端运输药物。这将使亚马逊能够直接处理来自制造商的产品，并在必要时重新贴标签或将其分成不同的单元。UPS 已经拥有了自己的制造许可证，似乎已经能够完成整个环节。

2. 医疗用品批发业务

相较于其他动作而言，B2B 业务很容易被大家忽视，因为参与决策的是一小部分人，也不具备话题性，尤其是在医疗采购方面，长期是以合同供应和政府指定的方式进行。但没有争议的是，亚马逊正在进入医疗用品的 B2B 采购业务。

亚马逊的 B2B 采购主要服务三类客户：政府、教育、医疗服务。目前其医疗 B2B 业务由克里斯·霍尔特（Chris Holt）带领，霍尔特是位老将，本科是南加州大学马歇尔商学院的工商管理（1985 – 1989 年），毕业后去了艾莫利快递（Emery Worldwide）做全球航线的后勤管理，1998 年再回学校，在麻省理工进修物流管理。

亚马逊 B2B 医疗采购提供从手术用品到医疗日常用品的数万种商品，在使用流程上需要注册与个人账号不同的企业账号，验证身份与需求，目前在全美 50 个州能提供医疗用品采购服务。目前亚马逊还不能提供医疗冷链服务，相关业务基础正在建设之中。

3. 医疗科技服务

亚马逊推出的 Echo 是一款带有视频功能的声控扬声器，非常适合用于监控，尤其是在家里。Alexa 应用平台拥有来自梅奥医学中心（Mayo Clinic）和 Libertana 等机构的轻量级医疗应用程序，可以回答医疗问题、在紧急情况下发送警报，并帮助用户与护理人员沟通。

亚马逊可以处理 HIPAA 合规和语音技术的后端流程，同时通过 Alexa 和 Echo 为企业提供平台和分销渠道。Alexa 正在全国各地的医院进行试验，包括纽约州最大的医院集团 Northwell、麻省总医院（Mass General）和波士顿儿童医院（Boston's Children's Hospital）。

然而，由于 Alexa 还不符合 HIPAA 标准，该软件完成的任务通常仅限于非可识别的用途，比如外科医生的检查清单、患者的疾病和药物信息及医院信息。如果 Alexa 符合 HIPAA 标准，使用范围可以得到进一步扩展。

亚马逊在 2018 年 11 月 27 日公布了亚马逊领悟医学（Amazon Comprehend Medical）产品，该产品使用机器学习模型来准确、快速地识别医疗信息，如医疗条件和药物，并确定它们之间的关系，比如药物剂量和强度。使用者可以通过简单的 API 调用访问产品，无需机器学习专业知识，无需编写复杂规则，也无需培训模型。主要面向的是医院客户，降低医疗文件处理成本，快速准确地从医疗记录中提取信息。

亚马逊已经为现有的医疗保健公司提供了几种 AWS 解决方案，尤其是在安全和合规方面。AWS 重点关注的是基因组学，它对支付者、提供商、研究人员等相关者越来越重要。由于测序成本的下降及临床环境中筛查和使用的增加（比如肿瘤分析），对分析数据集成器的计算能力和存储能力的要求也相应地提高了。

动脉网从品牌、会员、资金、技术四个纬度分析亚马逊医疗布局的优劣势。

品牌：★★★★★

亚马逊以其良好的客户体验在全球享有良好的口碑，如果亚马逊进入医疗健康领域，会为其加分。

会员：★★★★

全球亚马逊最重要的节日 Prime 会员是公司的核心，公司持续通过增加会员福利提升会员的黏性。2018 年亚马逊首次披露了会员注册人数已超过 1 亿人，公司在 6 月将会员费从 99 美元涨到 119 美元，但 7 月 PrimeDay 会员订阅仍实现历史最快增长。2017 年收购的全食超市（Wholefood）也已加入到 Prime 会员计划，显示了协同效应。

资金：★★★☆

分析认为，2018 年是亚马逊收入利润释放的一年，近几年收入同比加速增长，利润率达到历史新高，并持续释放。如图 7－5 所示。

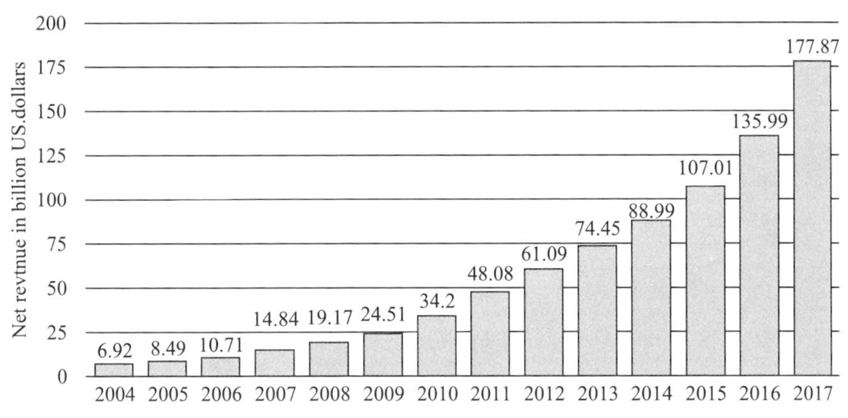

图 7－5　亚马逊 2004－2017 年营业收入数据

广告业务增长很快，对盈利有很大的贡献。根据第三方数据显示，亚马逊目前在美国在线广告市场份额排在第三位，紧随 google 和 Facebook 之后，是 2018 年行业内增长最快的公司。与传统的两大数字广告巨头相比，亚马逊也有着自己的优势，按照亚马逊现在的交易规模、客户数量、点击次数、眼球数、视频新内容及整体生态圈的规模，亚马逊的广告潜力巨大，变现还处于早期，市场预计 2022 年亚马逊广告收入能做到 200 亿美元。

作为一家全球领先的上市公司，亚马逊如果下决心投资一项新业务，资金不会成为它的困难。但是，今时不同往日，投资者对一个成熟公司的宽容度正在降低，亚马逊要说服投资者在一个全新的领域投入大量资金也不是件容易的事儿。

技术：★★★

亚马逊2005年开始布局云业务，过去几年AWS云服务的市场份额占据着绝对的优势。研究机构Synergy Research Group的数据显示，亚马逊云服务占云基础设施市场的33%、微软占比为13%、谷歌占比6%，亚马逊的市场占比超过了微软、IBM、谷歌的总和，但需要关注，竞争对手的云业务增速也非常快，追赶很快。

战略性产品Alexa也在持续增加新的技能，与更多的品牌商合作接入更多产品线。目前，Alexa平台开发了超过4.5万种技能，超过2500多个品牌，1.3万件的智能家居设备被消费者使用。亚马逊的智能设备Echo等产品已将AI融入家庭生活，并与Prime打通，形成智能家居的生态闭环。

当然，这些技术都不是医疗领域的技术，对于亚马逊来说，医疗领域是一个完全陌生的领域，无论是制药公司、器械公司、医疗保险还是医药零售，都不同于线上零售业务，亚马逊需要重新学习，并找到专业的人来操盘。

（三）亚马逊医疗版图大猜想：从供应链管理切入的提质控费

亚马逊之所以能够“颠覆”或者说是重塑零售行业，关键是提质和控费。在非电商时代，零售商品价格不透明，交易过程冗长，造成价格成倍上涨。电商直接、点对点的方式让消费者得到了实惠，不仅有效地降低了价格，在新技术改造之下，传统零售也有了更好的服务意识。

亚马逊还通过自建物流的方式让在线零售拥有了全新模式，这给了线上零售几乎等同于显现的消费体验。在“线上线下结合”方面，亚马逊通过自建 Amazon GO 商店及收购 Whole foods 超市，获得了更稳定的线下入口，保持了服务的一致性。

亚马逊的长处在于供应链管理能力，无论是书籍还是 3C 产品，亚马逊都能精准地对需求和供应进行分配，既服务卖家也服务买家。

与零售行业相比，医疗产业链更加复杂，而且有时候并非需求和供给的二元关系。如图 7－6 所示。

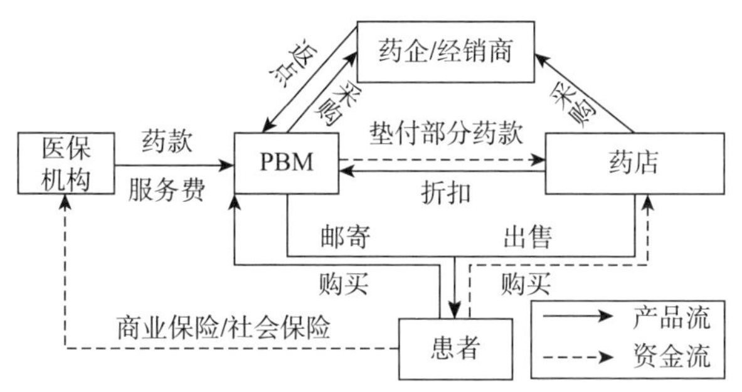

图 7－6　医疗产业链

对于亚马逊而言，现在摆在面前的机会是重构药品、医疗器械等产品的供应链。从逻辑上讲，下一步应该是完善 PillPack 的网上药房，以实现当日配药。亚马逊可以通过在 Whole Foods 建立一个零售药店或销售点来实现这一目标，或者在其业务不太强大的地区与独立药店合作。

一旦亚马逊建立了针对最终患者的药物递送系统，它就可以代替传统的药品福利管理机构（PBM），为支付者提供药品福利管理。这样做的好处包括为患者建立一个药房网络，代表小型健康计划和自保雇主对药品价格进行谈判，监测患者服用药物中的异常情况（如药物依从性差）等。亚马逊 Prime 会员可能会顺势成为亚马逊 PBM 业务的会员。

与制药行业一样，供应链目前错综复杂，充斥着各种中间商。制造商与分销商进行交易，而分销商与代表医院进行谈判的药品集中采购组织（GPO）进行交易，以降低药品和技术的成本（尽管有时医院会直接进行谈判）。

其他可能的方向还包括：

1. 利用智能家居技术，推动家庭护理

亚马逊智能音箱可能成为医疗服务的一个入口（目前已经有一些这样的案例），比如为老人、小孩提供家居护理与安全警报；与其他医疗硬件产品结合，实时监测用户健康状况等。

2. 建立线下实体诊所

亚马逊可以在 Whole Foods 商店内测试和调整诊所的概念，然后在医疗保险/医疗补助受益人更多的地区建立其他诊所。对亚马逊来说，在 Whole Foods 设立诊所是一种快捷的方式。

快捷诊所是美国零售药店经营者们最喜欢的业务，CVS health 和沃博联 WBA 都在旗下近千家门店提供服务，这两家公司拥有庞大的门店网络、方便的访问渠道，并收集了药店客户的数据。不仅能为患者提供方便，还能有效降低医疗成本。这种模式几乎是多赢的，药店增加了人流、解决了专业服务问题，而保险机构获得了实惠。

3. 进入医疗保险领域

企业需要为员工购买医疗保险，对很多企业来说，日渐升高的医疗支出已经成为企业沉重的负担。保险的本质是一种金融服务，把分散的不确定性变成大致的概率，既然亚马逊已经和地球上最会投资的伯克希尔·哈撒韦公司合作，保险业务也在规划之中。

4. 强化医疗科技投入

云大物移智区块链等新技术正在医疗健康行业崭露头角，亚马逊有一定的业务基础，可以追加布局。

亚马逊最终有可能会打造一个覆盖医疗服务、医疗供应链、医疗保险、医疗科技、患者管理及健康管理为一体的服务模式，这不仅会让自身的医疗成本降低，也会惠及更多的企业和个人。

如果亚马逊的例子不好理解，看看国内阿里健康的发展就是一个很好的样本。从医药电商业务切入，推出“医药新零售”；逐渐深入到医疗的核心场景——医院，打通挂号、咨询、诊疗、用药等环节，并提供人工智能辅诊导诊软件和技术服务。两家电商和互联网巨头在医疗布局上的时间、逻辑、节奏都高度一致。

对于改变医疗领域现状，亚马逊具有极大优势，因为这一领域的中间商以赚取利润为主要目的。尽管还存在各种障碍，包括市场领导者、既定流程及买家对新玩家的普遍担心，但亚马逊进军医疗领域将会改变当前整个体系，或者迫使现有玩家变得更有竞争力。这既是模式上的创新，也是资本的胜利。

附录

中国医药电商二十多年

中国的医药电商已经走过了二十多年。1997 年，是我国电子商务的元年。中国化工网的上线，成为我国第一家电子商务网站。1998 年，上海第一医药开通了自己的网上商店，这是国内第一家医药电商。

如果把时钟拨回到那个时刻，你会发现，马云正经历第二次创业梦碎，年底时带着团队到北京一家小酒馆喝酒，大家忍不住抱头痛哭。那时，他还没想出“阿里巴巴”这个名字，阿里巴巴出现在中国，还要再等上一年。

在这个监管很严格的行业，创新犹如戴着镣铐跳舞。政策兴、产业兴，政策紧、创新难。国家对医疗电商的政策经历多次调整。上海第一医药的网上商店就因找不到政策依据而被叫停，早已销声匿迹。2018 年 8 月 31 日，《中华人民共和国电子商务法》通过，并在 2019 年 1 月 1 日起施行，为医疗电商带来重大利好。

如今，医药电商规模已超过千亿元，正处在新一轮大爆发的前夜。大家摩拳擦掌，融资的融资，上市的上市，一派繁忙景象。

1. 京华烟云

医药电商行业的企业家大致有两类出身：互联网背景或医药背景，

不同的背景让他们为创立或就职的平台带来不一样的基因，前者重运营，后者重线下投入。

比如“医药电商第一人”——药房网创始人李洪波，出身于以新特药见长的京卫连锁药店。在2005年切入医药电商之后，玩的还是连锁运营那一套，用“天网+地网+CRM”铺设辐射全国的药房网络，还要自建物流和配送，想法实在超前。2015年之后，仁和药业以6亿元收购京卫元华60%股份，李洪波继续当总经理，把高值药品直送的DTP模式玩得风生水起。

仁和药业进军医药电商是仁和集团董事局主席杨文龙的“二次创业”，除了药房网之外，杨文龙还布局了叮当医药、叮当快药。前者是花7212万元投资的（已卖出）；后者则是时下流行的“网订店取，网订店送”的O2O模式，门店、配送队伍都是自己建，主打“28分钟免费送到家”，口碑不错但成本不菲，赛道剩下的玩家已然不多。

北京的医药电商很多，做得早的有金象网、德开大药房、111医药馆、好药师，稍晚一点有快方送药、融贯电商等，模式各不相同，B2B、B2C、O2O百发齐放。

软件行业出身的夏语和康凯操盘了金象网早期的电商业务，夏语后来去了百济新特药、搜药送，现在是德开医药CEO；康凯去了1号药店（1药网前身），做过天猫医药总经理、阿里健康副总裁，现在是康复之家合伙人、CEO。康复之家2014年收购德开大药房，夏语和康凯又回到了同一个战壕。

主导收购德开医药的是康复之家，董事长柏煜出生于1977年，15岁到北京打工，2005年用结婚的份子钱创办家用器械专卖店康复之家，现在已经发展成为器械、电商、租赁、健康管理全产业链集团公司。

北京医药电商的后起之秀是做B2B服务的融贯电商，2017年度线上交易额就突破500亿元。带领团队取得如此好成绩的是融贯电商创始人、董事长姚晓菲，在被男性主导的商业世界里，她可能是一个“异类”，海归、职场精英、美女总裁、创业女神是她的标签。姚晓菲中学时期到国外求学，后进入英国华威大学和伦敦政治经济学院学习，获会计和金融学士学位及信息管理硕士学位，也是半路入行。

2. 浪漫上海滩

除了北京，上海、广东也是电商高地。上海有上药云健康、国药在线、1 药网、药房网商城、云开亚美、健一网，广东有健客、七乐康、康爱多、康之家。“京沪粤三地争雄，南派北派大对决”，基本概括了全国医药电商全貌。

1 药网在“互联网 + 医药”领域是一个非常“神奇”的存在，无论是同类公司，还是普通的消费者，对这家公司的印象都异乎寻常地好。技术、供应链、流量、口碑，1 药网均有。2018 年 9 月 12 日，1 药网登陆美国资本市场，成为国内第一家在美国上市的独立医药电商平台。

两个联合创始人的背景给 1 药网加分不少，于刚和刘峻岭操盘过国内第一家在线超市 1 号店，进入医药电商行业算是“降维打击”。

当然，对于医药电商而言，这两位也是外行入门。于刚祖籍山东，出生在山西，性格爽直，重感情。1982 年武汉大学毕业，赴美读书，在康奈尔大学拿到了理论物理学硕士，去沃顿商学院读博士，在得克萨斯大学奥斯汀分校担任教授。15 年学术生涯中，于刚博士笔耕不辍，写过 80 多篇学术论文、4 本书，拥有 3 项专利，是一个不折不扣的科学工作者。

在创办 1 号店之前，于刚博士早已功成名就，他曾于 1995 年在美国创建了科莱科技公司，该公司开发的航空管理系统被美国众多大型航空公司所采用，并于 2002 年被埃森哲（Accenture）收购。2008 年夏天，1 号店上线，开了网上超市先河。1 药网是于刚博士“二次创业”，至赴美上市，算是阶段性胜利。

同在上海的药房网商城2007年就上线了网上药店平台，彼时网上药店从业者寥寥，行业真正爆发要等到五年之后。药房网商城为中小药店提供了平台、技术、流量等资源，并坚持开放战略，让更多的药店参与进来。目前药房网商城已经连接全国600个市县，超过1000家药店，搭建了国内最大的中小药店线上平台。

360健康CEO陈华在互联网医药圈已经摸爬滚打17年了，早年在39健康网，2010年加入了1号药店（1药网前身）并任CEO，2015年来到了360健康。360健康是奇虎360旗下医药门户网站，做医药电商平台，也做互联网医疗和跨境医疗，点进首页一看，跟39健康网异曲同工，也是内容为先。但陈华更推崇为药店、电商“赋能”，用SaaS服务让更多药店都能享受电商红利，功力、心力都花费不少。

云开亚美副总经理黄慧是电商圈少见的女性掌舵人，有“电商第一美女”之称。团队原来是海正药业下面做器官移植药品代理工作的，传统基因很浓，其不以流量和价格战取胜，而是选择了垂直服务型电商的发展之路，重服务、线上CSO是其特色。

国药在线总经理王乐天有互联网行业背景，早年做过电信增值业务、流媒体、音乐和数字版权工作，2013年入行，在九州通旗下的好药师担任CTO，2015年加入国药在线。国药在线是国药集团400余家零售与分销公司的线上对外合作门户，马云的云锋、郭广昌的复星都投了国药在线。在管理架构上，其隶属于国药控股，与国药一致、国药股份及各省分销公司平行，应该是个“厅级”单位。

3. 会师珠三角

同样从互联网行业进入医药电商行业的还有健客CEO谢方敏，他曾在艺龙网负责销售工作，是最早加盟百度的员工之一，历任百度华南区销售经理、高级经理、销售总监等职。健客是目前国内医药电商的领军企业，全国最大规模的网上药店之一。它致力于成为中国值得信赖的网上药店，为人们提供更便捷、安全、低价的在线购药服务是健客的使命。截至2019年8月，健客已与国内外500多家知名药企建立深度战略合作关系，实现了药品直供。不断拓展线下药店体系之外，更发力互联网医院，进而加快推进慢病管理项目，大力推动“互联网+医疗健康”的发展战略，全方位布局大健康产业。

电商行业很苦，同在广州，康爱多创始人王燕雄就比绝大多数电商人更早“上岸”。他是潮汕人，学中药出身，做过药监的基层公务员，潮汕人爱做生意、会做生意，遂下海经商。康爱多抓住了天猫医药馆的流量红利，很早就博得了“套套王子”的美誉，夺得过行业第一。2014年，上市公司太安堂以3.5亿元收购康爱多，王燕雄功成身退，募了一支产业基金，化身创业导师。

阿康健康董事长王李珏也曾在康爱多任职，阿康健康想通过供应链集成服务赋能行业，“让天下没有难找的药”，慢病、院外、基层、“互联网+医药”是主攻方向。阿康健康最近动作颇多，与各方合作，还获得了广发信德领投的数千万元融资，发展形势喜人。

原来在康爱多共事过的张移兵也到了阿康健康，张移兵是医药电商行业的“老兵”，其早年在九州通工作过五年，负责过线上的B2B业务，任网站运营经理。2011年加入康爱多，2014年离开，曾任康爱多总经理助理兼市场总监，此后加入先声再康任总经理，2015年出任好药师COO。

不同行业背景的医药电商操盘者看待事物的思考方式也不同，互联网行业出身的操盘者喜欢用“痛点思维”，行业的痛点是什么，怎么用互联网的方式去解决——信息不对称、资源分配不均衡、缺乏评价机制等。

医药行业出身的操盘者更在乎“投入产出比”，互联网只是一种技术，网站、APP、在线医疗只是一种工具，最后要解决的还是供应链问题、门店获客和留存的问题，以及最后一公里的问题。

跨界思维难得，跨界人才更难得。“互联网+医药”说起来容易，“医药+互联网”做起来难。

4. 外国的月亮不总是圆

做电商，美国的ebay（编者注：全球最大的网络交易平台之一）、亚马逊是鼻祖，国内才有了阿里巴巴、京东等。做医药电商，美国的数据也常被拿来印证。

从规模上说，美国是全球最大的药品市场，据Statista（编者注：互联网数据资讯中心）的数据显示，美国2016年药物支出为4500亿美元，同年全球药物支出是1.1万亿美元。

美国执行严格的“医药分开”制度，加上完善的处方管理，药品流通终端结构与我国有很大的不同。按销售规模统计，美国药品市场院内外渠道规模占比大约为3∶7，主要的院外渠道包括零售连锁药店、单体药店、PBM邮购、商超药房等。

独立的医药电商在美国并不发达，据EMarketer（编者注：市场数据分析公司）和Statista数据综合看，2017年美国医药电商规模为200亿美元左右，约占整个医药零售市场的4.5%。而国内B2C电商的规模在300亿~500亿元，占比超过13.5%。

美国的邮购和“线上线下结合”模式发达，邮购一般是药品福利管理机构（大型的如CVS Caremark和ESI）通过邮寄的方式为管理的会员提供药品，CVS药房服务收入（含邮购）2017年是1306亿美元，远高于零售业务的794亿美元；沃尔格林、CVS同时是“线上线下模式”结合的鼻祖，其通过网站、APP等方式打通线上线下，为会员提供药品，如沃尔格林旗下的沃尔格林网和药房网就是美国最知名的医药电商。

当然，“药+医”模式也是美国医药零售行业的特色之一，沃尔格林有400多家“药诊店”，CVS则有1100多家“分钟诊所”，通过在药店配置专业人员为会员提供基础的医疗服务，方便、快捷、收费便宜，深得会员和支付方青睐。

美国模式为国内的医药零售、电商们提供了经验和价值，比如完善的药事服务能力、全渠道打通、与保险结合等。对于处方外流背景下的国内连锁药店和电商而言，尚有处方来源、药品供应保障能力、药事服务能力、医保打通等问题待解决，美国模式具有一定的借鉴意义。

但国情不同，对于产业的预判，不能一概而论。美国是“一元结构”，地区差异、城乡差异不大；中国是“二元结构”，地区差异、城乡差异很大，造成优质医疗资源分配不均。在“互联网+”背景下，可以利用“互联网+医疗”、“互联网+医药”来解决医疗资源不均衡的问题，这也是政策导向，发展前景很好。

5. 资本凶猛

广发信德、高瓴资本等专业投资机构，广药白云山、天士力集团、步长制药等工业企业在参与医药零售行业的投资并购，加上上市系医药零售企业加码对小型连锁药店的兼并，医药零售行业的“圈地运动”开展得轰轰烈烈。“互联网+医药”企业如阿里健康的加入则给行业带来了更多制衡的力量。

当然，阿里健康本身也是资本催热的。2014 年 1 月，阿里联手云锋基金，斥资 1.7 亿美元入主港股中信 21 世纪，彼时其是 0.5 港元左右，市值刚刚 20 亿港元。截至 9 月 13 日，阿里健康的股价是 7.36 港元，市值达到 859 亿港元。四年 50 倍增长，投资回报率惊人。

事实上，阿里巴巴、京东等大平台的切入成了医药电商格局的重要影响因素。阿里健康是阿里巴巴在医疗领域的“旗舰平台”，财报数据显示，阿里健康运营及代理的天猫医药平台 GMV 超过 500 亿元，是最大的医药电商综合性入口。换句话说，做医药电商，基本绕不开阿里平台。

偌大的医药电商市场，资本玩家不少，大一点的是云锋、复星、IDG、经纬、软银、北极光，小一点的基金及个人投资者也有。医药电商既有互联网属性，又有零售属性，线下投入很重要，是个“重”模式。也就是说这不是一个赢家通吃的市场，随着规模的扩张，成本也会相应增加，有“边界”。所以，很难押赛道，只好一家家做调研，如下表所示。

部分医药电商融资情况

企业名	最后一轮融资	金额	已有投资方（部分）
1药网	2018/9/12	IPO募资超1亿美元	错明资本、信中利资本、常春藤资本、通和毓承、6 Dimensions等
健客	2018/9/4	B轮1.3亿美元	凯欣亚州、火山石、PGA基金、Asia-Pace-Commerce、高特佳、HBM等
七乐康	2017/2/15	C轮未透露	启迪创投、江苏高科、长江国弘、清科银杏、红杉、中卫基金、分享投资、高特佳、步长制药
康爱多	2014/9/1	被3.5亿元人民币并购	太安堂
360健康	2016/7/19	A轮数千万人民币	软银中国、礼来来亚州基金
上药去健康	2016/3/19	A+轮1.35亿人民币	章苏阳、京东、IDG资本、软银中国、盛太投资
国药在线	2017/7/5	A轮1.2亿人民币	复星集团、云峰基金、朗盛投资
云开药网	2016/1/1	数千万美元	华盖资本、北极光创投
泉源堂	2017/5/29	3015万人民币	一村资本、方正和生投资
阿康健康	2018/5	数千万人民币	广发信息
叮当送药	2018/1/29	B轮数亿元人民币	杨文龙、春风创投、同道资本、软银中国
快方送药	2017/4/18	B轮2亿人民币	九合创投、竞技创投、天图资本、步长制药
融贯电商	2017/12/21	战略投资	平安创投、复星锐正、挚信资本、华盖资本
药师帮	2018/6/14	C轮4.2亿元人民币	顺为资本、松禾资本、高捷资本、DCM中国、SIG、常春藤资本、复星医药、松禾资本、一村资本、同威创投

续表

企业名	最后一轮融资	金额	已有投资方（部分）
药兜网	2018/9/4	A 轮数千万元	海之康医疗健康基金
药品终端网	2015/12/12	B 轮 5000 万人民币	经纬中国、纪源资本 GGV、险峰华兴、喻志云

专业化是另一大特征，参与处方外流、新特药房、DTP 药房，不一而足。从处方外流看，目前有百洋易复诊、微信、阿里健康、九州通、钥世圈等公司在布局此类业务，西安、成都、重庆、天津等地政策也比较支持，但是全国性的、大面积的医院处方院外流转还未成型。上药、国药、华润等传统巨头则在做 DTP 药房，市场规模超过 300 亿元。

医药电商从来不是一个独立的产业，与医疗服务、医药零售，甚至是医保、商保等关系颇深。在此期间，政策时有变动，资本间或参与，产业在曲折中前行。所幸的是，战略清晰、团队优秀、坚持方向的头部企业已经出现，撑起了产业发展的“基本面”。

推荐作者得新书！

博瑞森征稿启事

亲爱的读者朋友：

感谢您选择了博瑞森图书！希望您手中的这本书能给您带来实实在在的帮助！

博瑞森一直致力于发掘好作者、好内容，希望能把您最需要的思想、方法，一字一句地交到您手中，成为管理知识与管理实践的桥梁。

但是我们也知道，有很多深入企业一线、经验丰富、乐于分享的优秀专家，或者忙于实战没时间，或者缺少专业的写作指导和便捷的出版途径，只能茫然以待……

还有很多在竞争大潮中坚守的企业，有着异常宝贵的实践经验和独特的洞察，但缺少专业的记录和整理者，无法让企业的经验和故事被更多的人了解、学习……

对读者而言，这些都太遗憾了！

博瑞森非常希望能将这些埋藏的"宝藏"发掘出来，贡献给广大读者，让更多的人从中受益。

所以，我们真心地邀请您，我们的老读者，帮我们搜寻：

推荐作者

可以是您自己或您的朋友，只要对本土管理有实践、有思考；可以是您通过网络、杂志、书籍或其他途径了解的某位专家，不管名气大小，只要他的思想和方法曾让您深受启发。

可以是管理类作品，也可以超出管理，各类优秀的社科作品或学术作品。

推荐企业

可以是您自己所在的企业，或者是您熟悉的某家企业，其创业过程、运营经历、产品研发、机制创新，等等。无论企业大小，只要乐于分享、有值得借鉴书写之处。

总之，好内容就是一切！

博瑞森绝非"自费出书"，出版费用完全由我们承担。您推荐的作者或企业案例一经采用，我们会立刻向您赠送书币 1000 元，可直接换取任何博瑞森图书的纸书或电子书。

感谢您对本土管理原创、博瑞森图书的支持！

推荐投稿邮箱：bookgood@126.com　　推荐手机：13611149991

企业案例·老板传记

书名.作者		内容/特色	读者价值
企业案例·老板传记	**你不知道的加多宝:原市场部高管讲述** 曲宗恺　牛玮娜　著	前加多宝高管解读加多宝	全景式解读,原汁原味
	借力咨询:德邦成长背后的秘密 官同良　王祥伍　著	讲述德邦是如何借助咨询公司的力量进行自身与发展的	来自德邦内部的第一线资料,真实、珍贵,令人受益匪浅
	娃哈哈区域标杆:豫北市场营销实录 罗宏文　赵晓萌　等著	本书从区域的角度来写娃哈哈河南分公司豫北市场是怎么进行区域市场营销,成为娃哈哈全国第一大市场、全国增量第一高市场的一些操作方法	参考性、指导性,一线真实资料
	六个核桃凭什么:从0过100亿 张学军　著	首部全面揭秘养元六个核桃裂变式成长的巨著	学习优秀企业的成长路径,了解其背后的理论体系
	像六个核桃一样:打造畅销品的36个简明法则 王　超　范　萍　著	本书分上下两篇:包括"六个核桃"的营销战略历程和36条畅销法则	知名企业的战略历程极具参考价值,36条法则提供操作方法
	解决方案营销实战案例 刘祖轲　著	用10个真案例讲明白什么是工业品的解决方案式营销,实战、实用	有干货、真正操作过的才能写得出来
	招招见销量的营销常识 刘文新　著	如何让每一个营销动作都直指销量	适合中小企业,看了就能用
	我们的营销真案例 联纵智达研究院　著	五芳斋粽子从区域到全国/诺贝尔瓷砖门店销量提升/利豪家具出口转内销/汤臣倍健的营销模式	选择的案例都很有代表性,实在、实操!
	中国营销战实录:令人拍案叫绝的营销真案例 联纵智达　著	51个案例,42家企业,38万字,18年,累计2000余人次参与……	最真实的营销案例,全是一线记录,开阔眼界
	双剑破局:沈坤营销策划案例集 沈　坤　著	双剑公司多年来的精选案例解析集,阐述了项目策划中每一个营销策略的诞生过程,策划角度和方法	一线真实案例,与众不同的策划角度令人拍案叫绝、受益匪浅
	宗:一位制造业企业家的思考 杨　涛　著	1993年创业,引领企业平稳发展20多年,分享独到的心得体会	难得的一本老板分享经验的书
	简单思考:AMT咨询创始人自述 孔祥云　著	著名咨询公司(AMT)的CEO创业历程中点点滴滴的经验与思考	每一位咨询人,每一位创业者和管理经营者,都值得一读
	边干边学做老板 黄中强　著	创业20多年的老板,有经验、能写、又愿意分享,这样的书很少	处处共鸣,帮助中小企业老板少走弯路
	三四线城市超市如何快速成长:解密甘雨亭 IBMG国际商业管理集团　著	国内外标杆企业的经验+本土实践量化数据+操作步骤、方法	通俗易懂,行业经验丰富,宝贵的行业量化数据,关键思路和步骤
	中国首家未来超市:解密安徽乐城 IBMG国际商业管理集团　著	本书深入挖掘了安徽乐城超市的试验案例,为零售企业未来的发展提供了一条可借鉴之路	通俗易懂,行业经验丰富,宝贵的行业量化数据,关键思路和步骤

互联网+

书名.作者		内容/特色	读者价值
互联网+	**新营销** 刘春雄　著	新营销的新框架体系是场景是产品逻辑,IP是品牌逻辑,社群是连接逻辑,传播是营销逻辑	助力品牌商实现由传统营销到新营销的理念和行动的跨越,助力企业打赢升级转型之仗
	企业微信营销全指导 孙　巍　著	专门给企业看到的微信营销书,手把手教企业从小白到微信营销专家	企业想学微信营销现在还不晚,两眼一抹黑也不怕,有这本书就够

续表

互联网+	**企业网络营销这样做才对:B2B大宗B2C** 张　进　著	简单直白拿来就用,各种窍门信手拈来,企业网络营销不麻烦也不用再头疼,一般人不告诉他	B2B、大宗B2C企业有福了,看了就能学会网络营销
	互联网时代的银行转型 韩友诚　著	以大量案例形式为读者全面展示和分析了银行的互联网金融转型应对之道	结合本土银行转型发展案例的书籍
	正在发生的转型升级·实践 本土管理实践与创新论坛　著	企业在快速变革期所展现出的管理变革新成果、新方法、新案例	重点突出对于未来企业管理相关领域的趋势研判
	触发需求:互联网新营销样本·水产 何足奇　著	传统产业都在苦闷中挣扎前行,本书通过鲜活的案例告诉你如何以需求链整合供应链,从而把大家熟知的传统行业打碎了重构、重做一遍	全是干货,值得细读学习,并且作者的理论已经经过了他亲自操刀的实践检验,效果惊人,就在书中全景展示
	移动互联新玩法:未来商业的格局和趋势 史贤龙　著	传统商业、电商、移动互联,三个世界并存,这种新格局的玩法一定要懂	看清热点的本质,把握行业先机,一本书搞定移动互联网
	微商生意经:真实再现33个成功案例操作全程 伏泓霖　罗晓慧　著	本书为33个真实案例,分享案例主人公在做微商过程中的经验教训	案例真实,有借鉴意义
	阿里巴巴实战运营——14招玩转诚信通 聂志新　著	本书主要介绍阿里巴巴诚信通的十四个基本推广操作,从而帮助使用诚信通的用户及企业更好地提升业绩	基本操作,很多可以边学边用,简单易学
	阿里巴巴实战运营2:诚信通热卖技巧 聂嵘海　著	诚信通TOP商家赚钱的密码箱,手把手教你操作,拿来就用	图文并茂,内容齐全,直接可以对照使用
	抖音营销如何做:未来抖商 刘大贺　著	解密从0到1亿粉丝的实操路径,深度剖析抖音营销全系统策略	企业做抖音营销的第一书
	微商团队长:从入门到精通 罗品牌　著	由浅入深,涵盖微商团队长必学技能的方方面面	只要照着做,就能当好微商团队长
	互联网精准营销 蒋　军　著	怎么在互联网时代整体策划、包装品牌和产品,并在此基础上为企业设计商业模式,技术实现并运营落地	为有基础的小微企业(大企业的新项目)1年实现销售额过亿,2年对接资本,3年左右准IPO
	今后这样做品牌:移动互联时代的品牌营销策略 蒋　军　著	与移动互联紧密结合,告诉你老方法还能不能用,新方法怎么用	今后这样做品牌就对了
	互联网+"变"与"不变":本土管理实践与创新论坛集萃·2016 本土管理实践与创新论坛　著	本土管理领域正在产生自己独特的理论和模式,尤其在移动互联时代,有很多新课题需要本土专家们一起研究	帮助读者拓宽眼界、突破思维
	创造增量市场:传统企业互联网转型之道 刘红明　著	传统企业需要用互联网思维去创造增量,而不是用电子商务去转移传统业务的存量	教你怎么在"互联网+"的海洋中创造实实在在的增量
	重生战略:移动互联网和大数据时代的转型法则 沈　拓　著	在移动互联网和大数据时代,传统企业转型如同生命体打算与再造,称之为"重生战略"	帮助企业认清移动互联网环境下的变化和应对之道
	画出公司的互联网进化路线图:用互联网思维重塑产品、客户和价值 李　蓓　著	18个问题帮助企业一步步梳理出互联网转型思路	思路清晰、案例丰富,非常有启发性
	7个转变,让公司3年胜出 李　蓓　著	消费者主权时代,企业该怎么办	这就是互联网思维,老板有能这样想,肯定倒不了
	跳出同质思维,从跟随到领先 郭　剑　著	66个精彩案例剖析,帮助老板突破行业长期思维惯性	做企业竟然有这么多玩法,开眼界

续表

行业类:零售、白酒、食品/快消品、农业、医药、建材家居等			
	书名．作者	内容/特色	读者价值
零售·超市·餐饮·服装	**总部有多强大,门店就能走多远** IBMG国际商业管理集团　著	如何把总部做强,成为门店的坚实后盾	了解总部建设的方法与经验
	超市卖场定价策略与品类管理 IBMG国际商业管理集团　著	超市定价策略与品类管理实操案例和方法	拿来就能用的理论和工具
	连锁零售企业招聘与培训破解之道 IBMG国际商业管理集团　著	围绕零售企业组织架构、培训体系建设等内容进行深刻探讨	破解人才发现和培养瓶颈的关键点
	中国首家未来超市:解密安徽乐城 IBMG国际商业管理集团　著	介绍了乐城作为中国首家未来超市从无到有的传奇经历	了解新型零售超市的运作方式及管理特色
	三四线城市超市如何快速成长:解密甘雨亭 IBMG国际商业管理集团　著	揭秘一家三四线连锁超市的经验策略	不但可以欣赏它的优点,而且可以学会它成功的方法
	新零售　新终端 迪智成咨询团队　著	梳理和提炼新零售的系统打法,将之落地在新终端建设上	让新零售这一看似形而上的商业概念有了可以落地的立足点
	新零售动作分解:建材　家居　家具 盛斌子　著	第一本锁定在家居建材、家电、家装等耐用消费品领域谈新零售的书	第一本谈新零售的具体动作、策略、方法、招术的书,拿来就用
	新零售进化趋势与未来格局 李政权　著	通过业态、品类、体验、场景等,逐一呈现新零售的未来进化	就新零售未来的发展方向与进化趋势给出一个确定性的未来
	涨价也能卖到翻 村松达夫　【日】	提升客单价的15种实用、有效的方法	日本企业在这方面非常值得学习和借鉴
	移动互联下的超市升级 联商网专栏频道　著	深度解析超市转型升级重点	帮助零售企业把握全局、看清方向
	手把手教你做专业督导:专卖店、连锁店 熊亚柱　著	从督导的职能、作用,在工作中需要的专业技能、方法,都提供了详细的解读和训练办法,同时附有大量的表单工具	无论是店铺需要统一培训,还是个人想成为优秀的督导,有这一本就够了
	百货零售全渠道营销策略 陈继展　著	没有照本宣科、说教式的絮叨,只有笔者对行业的认知与理解,庖丁解牛式的逐项解析、展开	通俗易懂,花极少的时间快速掌握该领域的知识及趋势
	零售:把客流变成购买力 丁　昀　著	如何通过不断升级产品和体验式服务来经营客流	如何进行体验营销,国外的好经营,这方面有启发
	餐饮企业经营策略第一书 吴　坚　著	分别从产品、顾客、市场、盈利模式等几个方面,对现阶段餐饮企业的发展提出策略和思路	第一本专业的、高端的餐饮企业经营指导书
	餐饮新营销 杨　勇　程绍珊　著	在新环境下,对餐饮营销管理进行了全面深入的解读,提供了方式方法	全面性、系统性,区别于市面上的纯操作类作品
	电影院的下一个黄金十年:开发·差异化·案例 李保煜　著	对目前电影院市场存大的问题及如何解决进行了探讨与解读	多角度了解电影院运营方式及代表性案例
	赚不赚钱靠店长:从懂管理到会经营 孙彩军　著	通过生动的案例来进行剖析,注重门店管理细节方面的能力提升	帮助终端门店店长在管理门店的过程中实现经营思路的拓展与突破
耐消品	**商用车经销商运营实战** 杜建君　王朝阳　章晓青　等著	从管理到经营,从销售到服务,系统化运作全指导	为经销商经营开阔思路,掌握方法
	汽车配件这样卖:汽车后市场销售秘诀100条 俞士耀　著	汽配销售业务员必读,手把手教授最实用的方法,轻松得来好业绩	快速上岗,专业实效,业绩无忧

续表

耐消品	**润滑油销售:这样说这样做更有效** 张金荣　著	针对渠道、经销商、终端的超实用话术	上车看,下车用,3 分钟就能学会。
	新经销:新零售时代,教你做大商 黄润霖　著	从选址、产品、促销、团队、规模阐述新经销变与不变的市场手法和操作思路	实地拜访近 100 位经销商在传统营销手法上的创新、新营销工具的发现
	珠宝黄金新营销 崔德乾　著	营销、品牌、产品、连接、场景、社群、服务、传播、管理及产业价值链	新营销在珠宝行业的实战应用,业内必备第一书
	跟行业老手学经销商开发与管理:家电、耐消品、建材家居 黄润霖　著	全部来源于经销商管理的一线问题,作者用丰富的经验将每一个问题落实到最便捷快速的操作方法上去	书中每一个问题都是普通营销人亲口提出的,这些问题你也会遇到,作者进行的解答则精彩实用
白酒	**酒水饮料快消品餐饮渠道营销手册** 朱伟杰　著	主要针对快消品(酒水、饮料)的餐饮渠道,提供了区域、商圈、不同业态的规划和促销安排等多种工具,并提出了经销商、批发商等相关人员的管理方法	一本酒水饮料如何在餐饮渠道销售的全能手册,内容深入翔实,可以直接照搬套用,这样的便利简直千金不换
	白酒到底如何卖 赵海永　著	以市场实战为主,多层次、全方位、多角度地阐释了白酒一线市场操作的最新模式和方法,接地气	实操性强,37 个方法、6 大案例帮你成功卖酒
	变局下的白酒企业重构 杨永华　著	帮助白酒企业从产业视角看清趋势,找准位置,实现弯道超车的书	行业内企业要减少 90%,自己在什么位置,怎么做,都清楚了
	1. 白酒营销的第一本书(升级版) **2. 白酒经销商的第一本书** 唐江华　著	华泽集团湖南开口笑公司品牌部长,擅长酒类新品推广、新市场拓展	扎根一线,实战
	区域型白酒企业营销必胜法则 朱志明　著	为区域型白酒企业提供 35 条必胜法则,在竞争中赢销的葵花宝典	丰富的一线经验和深厚积累,实操实用
	10 步成功运作白酒区域市场 朱志明　著	白酒区域操盘者必备,掌握区域市场运作的战略、战术、兵法	在区域市场的攻伐防守中运筹帷幄,立于不败之地
	酒业转型大时代:微酒精选 2014-2015 微酒　主编	本书分为五个部分:当年大事件、那些酒业营销工具、微酒独立策划、业内大调查和十大经典案例	了解行业新动态、新观点,学习营销方法
快消品·食品	**中国快消品营销的这些年** 史贤龙　著	作者精华文章的合集,一本书浓缩了过去十五年,中国营销的实战历程与前沿思考	快消品营销行业的案例和方法都原汁原味呈现,在反映当时风貌的同时,展望与反思
	营销中国茶:2 小时读懂茶叶营销 史贤龙　著	从不同视角对中国的茶营销进行了思考,内容涉及中国茶产业战略困境、茶企规模化、茶品牌崛起、茶文化、茶营销、茶消费、茶零售、茶道等	内容丰富扎实,文字流畅,浓缩的都是精华,让你 2 小时读懂茶叶营销
	这样打造快消品标杆市场 罗宏文　著	帮助你解决如何成功打造标杆市场和进行持续增量管理两大问题	一套系统的方法论,通俗易懂,可以直接套用
	5 小时读懂快消品营销:中国快消品案例观察 陈海超　著	多年营销经验的一线老手把案例掰开了、揉碎了,从中得出的各种手段和方法给读者以帮助和启发	营销那些事儿的个中秘辛,求人还不一定告诉你,这本书里就有
	快消品招商的第一本书:从入门到精通 刘　雷　著	深入浅出,不说废话,有工具方法,通俗易懂	让零基础的招商新人快速学习书中最实用的招商技能,成长为骨干人才
	乳业营销第一书 侯军伟　著	对区域乳品企业生存发展关键性问题的梳理	唯一的区域乳业营销书,区域乳品企业一定要看

续表

快消品·食品	金龙鱼背后的粮油帝国 余　盛　著	讲述金龙鱼品牌及母公司丰益国际的商业冒险故事	在精彩的阅读体验中学到营销管理的方法
	食用油营销第一书 余　盛　著	10 多年油脂企业工作经验,从行业到具体实操	食用油行业第一书,当之无愧
	中国茶叶营销第一书 柏　龑　著	如何跳出茶行业“大文化小产业”的困境,作者给出了自己的观察和思考	不是传统做茶的思路,而是现在商业做茶的思路
	调味品企业八大必胜法则 张　戟　著	八大规律性的关键成功要素,背后都有本土调味品企业的成功实践	“观点阐述+案例描述”,行业必读
	调味品营销第一书 陈小龙　著	国内唯一一本调味品营销的书	唯一的调味品营销的书,调味品的从业者一定要看
	快消品营销人的第一本书:从入门到精通 刘　雷　伯建新　著	快消行业必读书,从入门到专业	深入细致,易学易懂
	变局下的快消品营销实战策略 杨永华　著	通胀了,成本增加,如何从被动应战变成主动的“系统战”	作者对快消品行业非常熟悉、非常实战
	快消品经销商如何快速做大 杨永华　著	本书完全从实战的角度,评述现象,解析误区,揭示原理,传授方法	为转型期的经销商提供了解决思路,指出了发展方向
	快消品营销:一位销售经理的工作心得 2 蒋　军　著	快消品、食品饮料营销的经验之谈,重点图书	来源与实战的精华总结
	快消品营销与渠道管理 谭长春　著	将快消品标杆企业渠道管理的经验和方法分享出来	可口可乐、华润的一些具体的渠道管理经验,实战
	成为优秀的快消品区域经理(升级版) 伯建新　著	用“怎么办”分析区域经理的工作关键点,增加 30% 全新内容,更贴近环境变化	可以作为区域经理的“速成催化器”
	销售轨迹:一位快消品营销总监的拼搏之路 秦国伟　著	本书讲述了一个普通销售员打拼成为跨国企业营销总监的真实奋斗历程	激励人心,给广大销售员以力量和鼓舞
	快消老手都在这样做:区域经理操盘锦囊 方　刚　著	非常接地气,全是多年沉淀下来的干货,丰富的一线经验和实操方法不可多得	在市场摸爬滚打的“老油条”,那些独家绝招妙招一般你问都是问不来的
	动销四维:全程辅导与新品上市 高继中　著	从产品、渠道、促销和新品上市详细讲解提高动销的具体方法,总结作者 18 年的快消品行业经验,方法实操	内容全面系统,方法实操
农业	饲料营销有方法:策略　案例　工具 陈石平　著	跳出饲料看饲料,根据饲料营销的关键成功要素(KSF)提出 7 大核心命题	紧跟农牧产业发展大势,提高饲料企业营销竞争力
	新农资如何换道超车 刘祖轲　等著	从农业产业化、互联网转型、行业营销与经营突破四个方面阐述如何让农资企业占领先机、提前布局	南方略专家告诉你如何应对资源浪费、生产效率低下、产能严重过剩、价格与价值严重扭曲等
	中国牧场管理实战:畜牧业、乳业必读 黄剑黎　著	本书不仅提供了来自一线的实际经验,还收入了丰富的工具文档与表单	填补空白的行业必读作品
	中小农业企业品牌战法 韩　旭　著	将中小农业企业品牌建设的方法,从理论讲到实践,具有指导性	全面把握品牌规划,传播推广,落地执行的具体措施
	农资营销实战全指导 张　博　著	农资如何向“深度营销”转型,从理论到实践进行系统剖析,经验资深	朴实、使用!不可多得的农资营销实战指导
	农产品营销第一书 胡浪球　著	从农业企业战略到市场开拓、营销、品牌、模式等	来源于实践中的思考,有启发
	变局下的农牧企业 9 大成长策略 彭志雄　著	食品安全、纵向延伸、横向联合、品牌建设……	唯一的农牧企业经营实操的书,农牧企业一定要看

续表

医药	**在中国,医药营销这样做:时代方略精选文集** 段继东　主编	专注于医药营销咨询15年,将医药营销方法的精华文章合编,深入全面	可谓医药营销领域的顶尖著作,医药界读者的必读书
	医药新营销:制药企业、医药商业企业营销模式转型 史立臣　著	医药生产企业和商业企业在新环境下如何做营销?老方法还有没有用?如何寻找新方法?新方法怎么用?本书给你答案	内容非常现实接地气,踏实谈问题说方法
	医药企业转型升级战略 史立臣　著	药企转型升级有5大途径,并给出落地步骤及风险控制方法	实操性强,有作者个人经验总结及分析
	新医改下的医药营销与团队管理 史立臣　著	探讨新医改对医药行业的系列影响和医药团队管理	帮助理清思路,有一个框架
	医药营销与处方药学术推广 马宝琳　著	如何用医学策划把"平民产品"变成"明星产品"	有真货、讲真话的作者,堪称处方药营销的经典!
	医药行业大洗牌与药企创新 林延君　沈　斌　著	一方面,围绕着变革,多角度阐述药企的应对之道;另一方面,紧扣实践,介绍近百家医药企业创新实践案例	医改变革10年,医药企业如何应对大洗牌?重磅出击的药企人必读书
	新医改了,药店就要这样开 尚　锋　著	药店经营、管理、营销全攻略	有很强的实战性和可操作性
	电商来了,实体药店如何突围 尚　锋　著	电商崛起,药店该如何突围?本书从促销、会员服务、专业性、客单价等多重角度给出了指导方向	实战攻略,拿来就能用
	OTC医药代表药店销售36计 鄢圣安　著	以《三十六计》为线,写OTC医药代表向药店销售的一些技巧与策略	案例丰富,生动真实,实操性强
	OTC医药代表药店开发与维护 鄢圣安　著	要做到一名专业的医药代表,需要做什么、准备什么、知识储备、操作技巧等	医药代表药店拜访的指导手册,手把手教你快速上手
	引爆药店成交率1:店员导购实战 范月明　著	一本书解决药店导购所有难题	情景化、真实化、实战化
	引爆药店成交率2:经营落地实战 范月明　著	最接地气的经营方法全指导	揭示了药店经营的几类关键问题
	引爆药店成交率:专业化销售解决方案 范月明　著	药品搭配分析与关联销售	为药店人专业化助力
	处方药合规推广实战宝典 赵佳震　著	推广体系搭建、推广人员岗位工作内容、推广服务外包商管理等六个方面	解决"医药代表转型"和"推广服务外包商管理"的困惑
	医药代理商实操全指导:新环境　新战法 戴文杰　著	结合医药市场政策环境解读新环境下医药招商的战法,着重分析药品产业链的盈利机会	医药销售业务人员的必备读物
	攻略基层诊所:医药营销这样做 张江民　著	对基层诊所的开发、维护和动销,拿来就用的方式方法	实战是本书的主旨,只要用心去看,就能在基层诊所市场中运用
	互联网医药的未来 动脉网　编著	介绍了互联网医药发展的现状与趋势	帮助创业者和投资人看清未来,把握当下
	处方药零售这样做 田　军　著	阐述了处方药零售的重要性,以及做处方药零售市场的具体措施和方法	系统性了解和掌握处方药零售方法
建材家居	**成为最赚钱的家具建材经销商** 李治江　著	从销售模式、产品、门店等老板们最关注和最需要的方面解决问题、提供方法	只要你是建材、家具、家居用品的经销商老板,这就是一本必读的书
	定制家居黄金十年 韩　锋　翁长华　著	梳理了定制家居的商业模式和发展情况	帮助定制家居看清方向,把握当下
	家具建材促销与引流 薛　亮　李永峰　著	十大促销模式的详细方法和工具	让你天天签大单

续表

建材家居	**家具行业操盘手** 王献永　著	家具行业问题的终结者	解决了干家具还有没有前途？为什么同城多店的家具经销商很难做大做强等问题
	建材家居营销：除了促销还能做什么 孙嘉晖　著	一线老手的深度思考，告诉你在建材家居营销模式基本停滞的今天，除了促销，营销还能怎么做	给你的想法一场革命
	建材家居营销实务 程绍珊　杨鸿贵　主编	价值营销运用到建材家居，每一步都让客户增值	有自己的系统、实战
	家居建材门店6力爆破 贾同领　著	合盘道出一线品牌销量秘籍	6力招招见血，既有招数，又有策略
	建材家居门店销量提升 贾同领　著	店面选址、广告投放、推广助销、空间布局、生动展示、店面运营等	门店销量提升是一个系统工程，非常系统、实战
	10步成为最棒的建材家居门店店长 徐伟泽　著	实际方法易学易用，让员工能够迅速成长，成为独当一面的好店长	只要坚持这样干，一定能成为好店长
	手把手帮建材家居导购业绩倍增：成为顶尖的门店店员 熊亚柱　著	生动的表现形式，让普通人也能成为优秀的导购员，让门店业绩长红	读着有趣，用着简单，一本在手、业绩无忧
	建材家居经销商实战42章经 王庆云　著	告诉经销商：老板怎么当、团队怎么带、生意怎么做	忠言逆耳，看着不舒服就对了，实战总结，用一招半式就值了
工业品	**销售是门专业活：B2B、工业品** 陆和平　著	销售流程就应该跟着客户的采购流程和关注点的变化向前推进，将一个完整的销售过程分成十个阶段，提供具体方法	销售不是请客吃饭拉关系，是个专业的活计！方法在手，走遍天下不愁
	解决方案营销实战案例 刘祖轲　著	用10个真案例讲明白什么是工业品的解决方案式营销，实战、实用	有干货、真正操作过的才能写得出来
	变局下的工业品企业7大机遇 叶敦明　著	产业链条的整合机会、盈利模式的复制机会、营销红利的机会、工业服务商转型机会……	工业品企业还可以这样做，思维大突破
	工业品市场部实战全指导 杜　忠　著	工业品市场部经理工作内容全指导	系统、全面、有理论、有方法，帮助工业品市场部经理更快提升专业能力
	工业品营销管理实务 李洪道　著	中国特色工业品营销体系的全面深化、工业品营销管理体系优化升级	工具更实战，案例更鲜活，内容更深化
	工业品企业如何做品牌 张东利　著	为工业品企业提供最全面的品牌建设思路	有策略、有方法、有思路、有工具
	丁兴良讲工业4.0 丁兴良　著	没有枯燥的理论和说教，用朴实直白的语言告诉你工业4.0的全貌	工业4.0是什么？本书告诉你答案
	资深大客户经理：策略准，执行狠 叶敦明　著	从业务开发、发起攻势、关系培育、职业成长四个方面，详述了大客户营销的精髓	满满的全是干货
	两化融合管理系统贯标流程与方法 戴　勇　张华杰　张百荣　编著	全面梳理贯标流程和方法	帮助企业成功贯标
	一切为了订单：订单驱动下的工业品营销实战 唐道明　著	其实，所有的企业都在围绕着两个字在开展全部的经营和管理工作，那就是"订单"	开发订单、满足订单、扩大订单。本书全是实操方法，字字珠玑、句句干货，教你获得营销的胜利
金融	**交易心理分析** (美)马克·道格拉斯　著 刘真如　译	作者一语道破赢家的思考方式，并提供了具体的训练方法	不愧是投资心理的第一书，绝对经典
	精品银行管理之道 崔海鹏　何　屹　主编	中小银行转型的实战经验总结	中小银行的教材很多，实战类的书很少，可以看看

续表

金融	支付战争 Eric M. Jackson 著 徐彬 王晓 译	PayPal 创业期营销官，亲身讲述 PayPal 从诞生到壮大到成功出售的整个历史	激烈、有趣的内幕商战故事！了解美国支付市场的风云巨变
	中外并购名著专业阅读指南 叶兴平 等著	在 5000 多本并购类图书中精选的 200 著作，在阅读的基础上写的读书评价	精挑细选 200 本并一一评介，省去读者挑选的烦恼，快捷、高效
	新三板信息披露全流程：操作与工具 和珩科技 著	详细拆解董秘日常工作过程中所需的信息披露流程	董秘案头必备用书
	成功并购 300 本：一本书搞定并购难题 浩德军师并购联盟 著	从财务，税务，法律等角度详细解答疑问	能解决 80% 的并购问题
	互联网时代的银行转型 韩友诚 著	以大量案例形式为读者全面展示和分析了银行的互联网金融转型应对之道	结合本土银行转型发展案例的书籍
房地产	产业园区/产业地产规划、招商、运营实战 阎立忠 著	目前中国第一本系统解读产业园区和产业地产建设运营的实战宝典	从认知、策划、招商到运营全面了解地产策划
	人文商业地产策划 戴欣明 著	城市与商业地产战略定位的关键是不可复制性，要发现独一无二的“味道”	突破千城一面的策划困局
	中国城市群房地产投资策略 吕俊博 著	全方位、多角度分析城市群房地产现状是趋势	让亿元资产投资更理性、更安全
	电影院的下一个黄金十年：开发·差异化·案例 李保煜 著	对目前电影院市场存大的问题及如何解决进行了探讨与解读	多角度了解电影院运营方式及代表性案例
能源	全能型班组：城市能源互联网与电力班组升级 国网天津市电力公司 编著	借鉴国内外优秀企业的转型升级思路，通过对于新型班组组织模式和运行机制的大胆设想，力图构建充分适应内外环境变化的全能型班组	看看庞大的国企在新环境下是如何顺应时代的
	国网天津电力全能型班组建设实务 国网天津市电力公司 编著	本书聚焦于天津电力公司在探索全能型班组转型升级时的优秀实践	电力行业的班组实践，具体、可操作性强

经营类：企业如何赚钱，如何抓机会，如何突破，如何“开源”

	书名．作者	内容/特色	读者价值
抓方向	让经营回归简单．升级版 宋新宇 著	化繁为简抓住经营本质：战略、客户、产品、员工、成长	经典，做企业就这几个关键点！
	混沌与秩序Ⅰ：变革时代企业领先之道 混沌与秩序Ⅱ：变革时代管理新思维 彭剑锋 尚艳玲 主编	汇集华夏基石专家团队 10 年来研究成果，集中选择了其中的精华文章编纂成册	作者都是既有深厚理论积淀又有实践经验的重磅专家，为中国企业和企业家的未来提出了高屋建瓴的观点
	活系统：跟任正非学当老板 孙行健 尹贤 著	以任正非的独到视角，教企业老板如何经营公司	看透公司经营本质，激活企业活力
	重构：快消品企业重生之道 杨永华 著	从 7 个角度，帮助企业实现系统性的改造	提供转型思想与方法，值得参考
	公司由小到大要过哪些坎 卢强 著	老板手里的一张“企业成长路线图”	现在我在哪儿，未来还要走哪些路，都清楚了
	企业二次创业成功路线图 夏惊鸣 著	企业曾经抓住机会成功了，但下一步该怎么办？	企业怎样获得第二次成功，心里有个大框架了
	老板经理人双赢之道 陈明 著	经理人怎养选平台、怎么开局，老板怎样选/育/用/留	老板生闷气，经理人牢骚大，这次知道该怎么办了

续表

抓方向	**简单思考:AMT 咨询创始人自述** 孔祥云　著	著名咨询公司(AMT)的 CEO 创业历程中点点滴滴的经验与思考	每一位咨询人,每一位创业者和管理经营者,都值得一读
	企业文化的逻辑 王祥伍　黄健江　著	为什么企业绩效如此不同,解开绩效背后的文化密码	少有的深刻,有品质,读起来很流畅
	使命驱动企业成长 高可为　著	钱能让一个人今天努力,使命能让一群人长期努力	对于想做事业的人,'使命'是绕不过去的
思维突破	**盈利原本就这么简单** 高可为　著	从财务的角度揭示企业盈利的秘密	多方面解读商业模式与盈利的关系,通俗易懂,受益匪浅
	经营:打造你的盈利系统 高可为　著	从盈利角度梳理了系统化的经营方式	让企业掌舵者把控经营全局
	创模式:23 个行业创新案例 段传敏　著	23 位行业精英的创新对话	创业者、转型者的实战参考
	企业良性成长:用顶层设计突破瓶颈 刘建兆　著	全方位介绍企业顶层设计的方法和思路	帮助企业用顶层设计突破成长瓶颈
	移动互联新玩法:未来商业的格局和趋势 史贤龙　著	传统商业、电商、移动互联,三个世界并存,这种新格局的玩法一定要懂	看清热点的本质,把握行业先机,一本书搞定移动互联网
	画出公司的互联网进化路线图:用互联网思维重塑产品、客户和价值 李　蓓　著	18 个问题帮助企业一步步梳理出互联网转型思路	思路清晰、案例丰富,非常有启发性
	重生战略:移动互联网和大数据时代的转型法则 沈　拓　著	在移动互联网和大数据时代,传统企业转型如同生命体打算与再造,称之为“重生战略”	帮助企业认清移动互联网环境下的变化和应对之道
	创造增量市场:传统企业互联网转型之道 刘红明　著	传统企业需要用互联网思维去创造增量,而不是用电子商务去转移传统业务的存量	教你怎么在“互联网 +”的海洋中创造实实在在的增量
	7 个转变,让公司 3 年胜出 李　蓓　著	消费者主权时代,企业该怎么办	这就是互联网思维,老板有能这样想,肯定倒不了
	跳出同质思维,从跟随到领先 郭　剑　著	66 个精彩案例剖析,帮助老板突破行业长期思维惯性	做企业竟然有这么多玩法,开眼界
	互联网 +“变”与“不变”:本土管理实践与创新论坛集萃·2016 本土管理实践与创新论坛　著	加速本土管理思想的孕育诞生,促进本土管理创新成果更好地服务企业、贡献社会	各个作者本年度最新思想,帮助读者拓宽眼界、突破思维
	消费升级:实践　研究(文集) 本土管理实践与创新论坛　著	38 位管理专家及 7 位学者的精华思想,从经营、管理、行业及思想研究四个方面阐述中国企业在消费升级下的实践与研究	思想启发,行业借鉴
财务	**写给企业家的公司与家庭财务规划——从创业成功到富足退休** 周荣辉　著	本书以企业的发展周期为主线,写各阶段企业与企业主家庭的财务规划	为读者处理人生各阶段企业与家庭的财务问题提供建议及方法,让家庭成员真正享受财富带来的益处
	互联网时代的成本观 程　翔　著	本书结合互联网时代提出了成本的多维观,揭示了多维组合成本的互联网精神和大数据特征,论述了其产生背景、实现思路和应用价值	在传统成本观下为盈利的业务,在新环境下也许就成为亏损业务。帮助管理者从新的角度来看待成本,进一步做好精益管理

续表

财务	财报背后的投资机会 蒋豹 著	以具体的公司案例分析，教你迅速看出财务报表与企业经营的关系、所反映的企业经营现状，从而找到投资机会	前四大会计所员工为读者解密财报，发现投资机会
管理类：效率如何提升，如何实现经营目标，如何“节流”			
	书名．作者	内容/特色	读者价值
通用管理	让管理回归简单·升级版 宋新宇 著	从目标、组织、决策、授权、人才和老板自己层面教你怎样做管理	帮助管理抓住管理的要害，让管理变得简单
	让经营回归简单·升级版 宋新宇 著	从战略、客户、产品、员工、成长、经营者自身等七个方面，归纳总结出简单有效的经营法则	总结出的真正优秀企业的成功之道：简单
	让用人回归简单 宋新宇 著	从用人的原则、用人的难题与误区、用人的方法和用人者的修炼四大方面，总结出适合中小企业做好人才管理工作的法则	帮助管理者抓住用人的要害，让用人变得简单
	历史深处的管理智慧 1：组织建设与用人之道 刘文瑞 著	对历史之典故、政事、人事、政制进行管理解析，鉴照企业人才的选用育留	推动理论与实践的对接，实现理性与情感的渗透，用中国话语说明管理智慧
	历史深处的管理智慧 2：战略决策与经营运作 刘文瑞 著	对历史之典故、政事、人事、政制进行管理解析，鉴照企业战略设计与经营实践	推动理论与实践的对接，实现理性与情感的渗透，用中国话语说明管理智慧
	历史深处的管理智慧 3：领导修炼与文化素养 刘文瑞 著	对历史之典故、政事、人事、政制进行管理解析，鉴照企业领导职业能力提升与文化修养	推动理论与实践的对接，实现理性与情感的渗透，用中国话语说明管理智慧
	管理的尺度 刘文瑞 著	对管理中的种种普遍性问题进行了批评	提高把握管理尺度的能力
	管理学在中国 刘文瑞 著	系统性介绍了管理学在中国的发展和演变	了解管理学在中国的发展脉络，更清晰理解管理学的本质
	看电影，懂管理 刘文瑞 著	16 部经典电影，带你感悟管理智慧	能够帮助读者放松身心，驰骋想象，在不知不觉中增长智慧
	管理：以规则驾驭人性 王春强 著	详细解读企业规则的制定方法	从人与人博弈角度提升管理的有效性
	打造集成供应链：走出挂一漏十的改善困境 王春强 著	详解集成供应链全过程	帮助企业优化供应链管理
	用好骨干员工：关键人才培养与激励 王敏 著	系统化分享关键人才打造与激励方法	企业能实在用人的最大化价值
	改变世界的管理学大师 1：管理学的前世今生 刘文瑞 编著	介绍了古典管理学时期的大师事迹和思想	深入了解管理大师们的思想和智慧
	成为企业欢迎的咨询师 张国祥 著	从调研到落地，手把手教你咨询流程	不走弯路，方便直接的学到老咨询师的套路
	员工心理学超级漫画版 邢雷 著	以漫画的形式深度剖析员工心理	帮助管理者更了解员工，从而更轻松地管理员工
	老板有想法，高层有干法：企业中的将帅之道 王清华 著	深入剖析老板与高管的异同	各司其职，各行其是，相辅相成
	分股合心：股权激励这样做 段磊 周剑 著	通过丰富的案例，详细介绍了股权激励的知识和实行方法	内容丰富全面、易读易懂，了解股权激励，有这一本就够了
	边干边学做老板 黄中强 著	创业 20 多年的老板，有经验、能写、又愿意分享，这样的书很少	处处共鸣，帮助中小企业老板少走弯路

续表

通用管理	**成为敏感而体贴的公司** 王　涛　著	本书为作者对企业的观察和冥想的随笔记录。从生活中的一个现象入手,进而探索现象背后的本质	从全新角度认识公司
	中国企业的觉醒:正直　善良　成长 王　涛　著	围绕着企业人如何发生转化展开,对中国人、中国文化及由此导致的企业现状的观察和思考	企业除了要利润,还需要道德
	有意识的思考:轻松化解问题的7个思考习惯 王　涛　著	本书是对思想、思考过程、思考方式进行的细致观察	养成好的思考习惯,更深刻地看问题
	中国式阿米巴落地实践之从交付到交易 胡八一　著	本书主要讲述阿米巴经营会计,“从交付到交易”,这是成功实施了阿米巴的标志	阿米巴经营会计的工作是有逻辑关联的,一本书就能搞定
	中国式阿米巴落地实践之激活组织 胡八一　著	重点讲解如何科学划分阿米巴单元,阐述划分的实操要领、思路、方法、技术与工具	最大限度减少“推行风险”和“摸索成本”,利于公司成功搭建适合自身的个性化阿米巴经营体系
	中国式阿米巴落地实践之持续盈利 胡八一　著	把企业做成平台,企业才能做大(格局);把平台做成阿米巴,企业才能做强(专业);把阿米巴做成合伙制,企业才能做久(机制)	中国式阿米巴落地实践三部曲的最后一部,告诉你企业如何做大做强做久
	集团化企业阿米巴实战案例 初勇钢　著	一家集团化企业阿米巴实施案例	指导集团化企业系统实施阿米巴
	阿米巴经营的中国模式 李志华　著	让员工从“要我干”到“我要干”,价值量化出来	阿米巴在企业如何落地,明白思路了
	欧博心法:好管理靠修行 曾　伟　著	用佛家的智慧,深刻剖析管理问题,见解独到	如果真的有‘中国式管理’,曾老师是其中标志性人物
	领导这样点燃你的下属 孟广桥　著	领导者如何才能让员工积极主动地工作?如何让你的员工和下属保持工作的热情,自动自发?看了这本书就知道	只要你希望手下的"兵将"永远充满工作的斗志,这本书将使你获益良多
流程管理	**1. 用流程解放管理者** **2. 用流程解放管理者2** 张国祥　著	中小企业阅读的流程管理、企业规范化的书	通俗易懂,理论和实践的结合恰到好处
	跟我们学建流程体系 陈立云　著	畅销书《跟我们学做流程管理》系列,更实操,更细致,更深入	更多地分享实践,分享感悟,从实践总结出来的方法论
	人人都要懂流程 金国华　余雅丽　著	当前各企业流程管理方面最为典型的痛点现象及问题案例	通俗易懂,适合企业全员阅读
质量管理	**IATF16949质量管理体系详解与案例文件汇编:TS16949转版IATF16949:2016** 谭洪华　著	针对IATF的新标准做了详细的解说,同时指出了一些推行中容易犯的错误,提供了大量的表单、案例	案例、表单丰富,拿来就用
	五大质量工具详解及运用案例:APQP/FMEA/PPAP/MSA/SPC 谭洪华　著	对制造业必备的五大质量工具中每个文件的制作要求、注意事项、制作流程、成功案例等进行了解读	通俗易懂、简便易行,能真正实现学以致用
	ISO9001:2015新版质量管理体系详解与案例文件汇编 谭洪华　著	紧密围绕2015年新版质量管理体系文件逐条详细解读,并提供可以直接套用的案例工具,易学易上手	企业质量管理认证、内审必备
	ISO14001:2015新版环境管理体系详解与案例文件汇编 谭洪华　著	紧密围绕2015年新版环境管理体系文件逐条详细解读,并提供可以直接套用的案例工具,易学易上手	企业环境管理认证、内审必备

续表

质量管理	**ISO9001:2015 完整文件汇编:制造业** 贺红喜　著	按照ISO9001标准并超出标准的要求,提供了一套完整的制造业的质量管理体系文件	原汁原味完整收入,直接可以拿来就用
	SA8000:2014 社会责任管理体系认证实战 吕　林　著	作者根据自己的操作经验,按认证的流程,以相关案例进行说明SA8000认证体系	简单,实操性强,拿来就能用
	精益质量管理实战工具 贺小林　著	制造类企业日常工作中所需要的精益管理工具的归纳整理,并进行案例操作的细致分析	可以直接参考,实际解决生产中的具体问题
战略落地	**重生——中国企业的战略转型** 施　炜　著	从前瞻和适用的角度,对中国企业战略转型的方向、路径及策略性举措提出了一些概要性的建议和意见	对企业有战略指导意义
	公司大了怎么管:从靠英雄到靠组织 AMT 金国华　著	第一次详尽阐释中国快速成长型企业的特点、问题及解决之道	帮助快速成长型企业领导及管理团队理清思路,突破瓶颈
	低效会议怎么改:每年节省一半会议成本的秘密 AMT 王玉荣　著	教你如何系统规划公司的各级会议,一本工具书	教会你科学管理会议的办法
	年初订计划,年尾有结果:战略落地七步成诗 AMT 郭晓　著	7个步骤教会你怎么让公司制定的战略转变为行动	系统规划,有效指导计划实现
人力资源	**HRBP是这样炼成的之"菜鸟起飞"** 新　海　著	以小说的形式,具体解析HRBP的职责,应该如何操作,如何为业务服务	实践者的经验分享,内容实务具体,形式有趣
	HRBP是这样炼成的之中级修炼 新　海　著	本书以案例故事的方式,介绍了HRBP在实际工作中碰到的问题和挑战	书中的HR解决方案讲究因时因地制宜、简单有效的原则,重在启发读者思路,可供各类企业HRBP借鉴
	HRBP是这样炼成的之高级修炼 新　海　著	以故事的形式,展现了HRBP工作者在职业发展路上的层层深入和递进	为读者提供HRBP在实际工作中遇到种种问题的解决方案
	新任HR高管如何从0到1 黄渊明　著	全景式展现新任高管华丽转身全过程	助力新任高管安全着陆
	HR的劳动法内参 李皓楠　著	100个劳动法案例和分析	轻松掌握劳动法知识,方便运用
	把面试做到极致:首席面试官的人才甄选法 孟广桥　著	作者用自己几十年的人力资源经验总结出的一套实用的确定岗位招聘标准、提升面试官技能素质的简便方法	面试官必备,没有空泛理论,只有巧妙的实操技能
	人力资源体系与e-HR信息化建设 刘书生　陈　莹　王美佳　著	将作者经历的人力资源管理变革、人力资源管理信息化咨询项目方法论、工具和成果全面展现给读者,使大家能够将其快速应用到管理实践中	系统性非常强,没有废话,全部是浓缩的干货
	回归本源看绩效 孙　波　著	让绩效回顾"改进工具"的本源,真正为企业所用	确实是来源于实践的思考,有共鸣
	世界500强资深培训经理人教你做培训管理 陈　锐　著	从7大角度具体细致地讲解了培训管理的核心内容	专业、实用、接地气

续表

人力资源	**曹子祥教你做激励性薪酬设计** 曹子祥　著	以激励性为指导,系统性地介绍了薪酬体系及关键岗位的薪酬设计模式	深入浅出,一本书学会薪酬设计
	曹子祥教你做绩效管理 曹子祥　著	复杂的理论通俗化,专业的知识简单化,企业绩效管理共性问题的解决方案	轻松掌握绩效管理
	把招聘做到极致 远　鸣　著	作为世界500强高级招聘经理,作者数十年招聘经验的总结分享	带来职场思考境界的提升和具体招聘方法的学习
	人才评价中心．超级漫画版 邢　雷　著	专业的主题,漫画的形式,只此一本	没想到一本专业的书,能写成这效果
	走出薪酬管理误区 全怀周　著	剖析薪酬管理的8大误区,真正发挥好枢纽作用	值得企业深读的实用教案
	集团化人力资源管理实践 李小勇　著	对搭建集团化的企业很有帮助,务实,实用	最大的亮点不是理论,而是结合实际的深入剖析
	我的人力资源咨询笔记 张　伟　著	管理咨询师的视角,思考企业的HR管理	通过咨询师的眼睛对比很多企业,有启发
	本土化人力资源管理8大思维 周　剑　著	成熟HR理论,在本土中小企业实践中的探索和思考	对企业的现实困境有真切体会,有启发
企业文化	**36个拿来就用的企业文化建设工具** 海融心胜　主编	数十个工具,为了方便拿来就用,每一个工具都严格按照工具属性、操作方法、案例解读划分,实用、好用	企业文化工作者的案头必备书,方法都在里面,简单易操作
	企业文化建设超级漫画版 邢　雷　著	以漫画的形式系统教你企业文化建设方法	轻松易懂好操作
	华夏基石方法:企业文化落地本土实践 王祥伍　谭俊峰　著	十年积累、原创方法、一线资料,和盘托出	在文化落地方面真正有洞察,有实操价值的书
	企业文化的逻辑 王祥伍　著	为什么企业之间如此不同,解开绩效背后的文化密码	少有的深刻,有品质,读起来很流畅
	企业文化激活沟通 宋杼宸　安　琪　著	透过新任HR总经理的眼睛,揭示出沟通与企业文化的关系	有实际指导作用的文化落地读本
	在组织中绽放自我:从专业化到职业化 朱仁健　王祥伍　著	个人如何融入组织,组织如何助力个人成长	帮助企业员工快速认同并投入到组织中去,为企业发展贡献力量
	企业文化定位·落地一本通 王明胤　著	把高深枯燥的专业理论创建成一套系统化、实操化、简单化的企业文化缔造方法	对企业文化不了解,不会做?有这一本从概念到实操,就够了
生产管理	**精益思维:中国精益如何落地** 刘承元　著	笔者二十余年企业经营和咨询管理的经验总结	中国企业需要灵活运用精益思维,推动经营要素与管理机制的有机结合,推动企业管理向前发展
	300张现场图看懂精益5S管理 乐　涛　编著	5S现场实操详解	案例图解,易懂易学
	高员工流失率下的精益生产 余伟辉　著	中国的精益生产必须面对和解决高员工流失率问题	确实来源于本土的工厂车间,很务实
	车间人员管理那些事儿 岑立聪　著	车间人员管理中处理各种“疑难杂症”的经验和方法	基层车间管理者最闹心、头疼的事,‘打包’解决

续表

生产管理	**1. 欧博心法:好管理靠修行** **2. 欧博心法:好工厂这样管** 曾　伟　著	他是本土最大的制造业管理咨询机构创始人,他从400多个项目、上万家企业实践中锤炼出的欧博心法	中小制造型企业,一定会有很强的共鸣
	欧博工厂案例1:生产计划管控对话录 **欧博工厂案例2:品质技术改善对话录** **欧博工厂案例3:员工执行力提升对话录** 曾　伟　著	最典型的问题、最详尽的解析,工厂管理9大问题27个经典案例	没想到说得这么细,超出想象,案例很典型,照搬都可以了
	工厂管理实战工具 欧博企管　编著	以传统文化为核心的管理工具	适合中国工厂
	苦中得乐:管理者的第一堂必修课 曾　伟　编著	曾伟与师傅大愿法师的对话,佛学与管理实践的碰撞,管理禅的修行之道	用佛学最高智慧看透管理
	比日本工厂更高效1:管理提升无极限 刘承元　著	指出制造型企业管理的六大积弊;颠覆流行的错误认知;掌握精益管理的精髓	每一个企业都有自己不同的问题,管理没有一剑封喉的秘笈,要从现场、现物、现实出发
	比日本工厂更高效2:超强经营力 刘承元　著	企业要获得持续盈利,就要开源和节流,即实现销售最大化,费用最小化	掌握提升工厂效率的全新方法
	比日本工厂更高效3:精益改善力的成功实践 刘承元　著	工厂全面改善系统有其独特的目的取向特征,着眼于企业经营体质(持续竞争力)的建设与提升	用持续改善力来飞速提升工厂的效率,高效率能够带来意想不到的高效益
	3A顾问精益实践1:IE与效率提升 党新民　苏迎斌　蓝旭日　著	系统的阐述了IE技术的来龙去脉以及操作方法	使员工与企业持续获利
	3A顾问精益实践2:JIT与精益改善 肖志军　党新民　著	只在需要的时候,按需要的量,生产所需的产品	提升工厂效率
	化工企业工艺安全管理实操 黄　娜　编著	化工企业工艺安全管理全指导	帮助企业树立安全意识,强化安全管理方法
	手把手教你做专业的生产经理 黄　娜　著	物流、信息流、资金流,让生产经理管理有抓手	从菜鸟到能把控全局
员工素质提升	**TTT培训师精进三部曲(上):深度改善现场培训效果** 廖信琳　著	现场把控不用慌,这里有妙招用就灵	课程现场无论遇到什么样的情况都能游刃有余
	TTT培训师精进三部曲(中):构建最有价值的课程内容 廖信琳　著	这样做课程内容,学员有收获培训师也有收获	优质的课程内容是树立个人品牌的保证
	TTT培训师精进三部曲(下):职业功力沉淀与修为提升 廖信琳　著	从内而外提升自己,职业的道路一帆风顺	走上职业TTT内训师的康庄大道
	培训师,如何让你的事业长青:自我管理的10项法则 廖信琳　著	建立了一套完整的培训师自我管理体系,为培训师的职业成长与发展提供有益的指引	培训师如何在自己的职业道路上越走越高,事业长青,一直有所收获与成长?本书将给你答案
	管理咨询师的第一本书:百万年薪　千万身价 熊亚柱　著	从问题出发,发现问题、分析问题、解决问题,让两眼一抹黑的新人快速成长	管理咨询师初入职场,让这本书开启百万年薪之路

续表

员工素质提升	手把手教你做专业督导:专卖店、连锁店 熊亚柱　著	从督导的职能、作用,在工作中需要的专业技能、方法,都提供了详细的解读和训练办法,同时附有大量的表单工具	无论是店铺需要统一培训,还是个人想成为优秀的督导,有这一本就够了
	跟老板"偷师"学创业 吴江萍　余晓雷　著	边学边干,边观察边成长,你也可以当老板	不同于其他类型的创业书,让你在工作中积累创业经验,一举成功
	销售轨迹:一位快消品营销总监的拼搏之路 秦国伟　著	本书讲述了一个普通销售员打拼成为跨国企业营销总监的真实奋斗历程	激励人心,给广大销售员以力量和鼓舞
	在组织中绽放自我:从专业化到职业化 朱仁健　王祥伍　著	个人如何融入组织,组织如何助力个人成长	帮助企业员工快速认同并投入到组织中去,为企业发展贡献力量
	企业员工弟子规:用心做小事,成就大事业 贾同领　著	从传统文化《弟子规》中学习企业中为人处事的办法,从自身做起	点滴小事,修养自身,从自身的改善得到事业的提升
	手把手教你做顶尖企业内训师:TTT 培训师宝典 熊亚柱　著	从课程研发到现场把控、个人提升都有涉及,易读易懂,内容丰富全面	想要做企业内训师的员工有福了,本书教你如何抓住关键,从入门到精通
	28 天速成文案高手 秦士　安丽　著	解构优秀品牌和出彩文案背后的逻辑,28 天循序渐进成为文案高手	让优质文案变成"智慧工厂"般的工序管理与稳定出品
	让投诉顾客满意离开:客户投诉应对与管理 孟广桥　著	立足于投诉处理的实践,剖析了不同投诉者投诉的特点和应对措施,并提供各种技巧方法、赢得客户信赖所需培养的品质修炼、处理投诉应掌握的法律法规等工具	是投诉处理人员适应岗位职能需要、提升工作技能的良师益友,是企业变诉为金、培养业务骨干的法宝

营销类:把客户需求融入企业各环节,提供"客户认为"有价值的东西

	书名、作者	内容/特色	读者价值
营销模式	精品营销战略 杜建君　著	以精品理念为核心的精益战略和营销策略	用精品思维赢得高端市场
	变局下的营销模式升级 程绍珊　叶宁　著	客户驱动模式、技术驱动模式、资源驱动模式	很多行业的营销模式被颠覆,调整的思路有了!
	动销操盘:节奏掌控与社群时代新战法 朱志明　著	在社群时代把握好产品生产销售的节奏,解析动销的症结,寻找动销的规律与方法	都是易读易懂的干货!对动销方法的全面解析和操盘
	弱势品牌如何做营销 李政权　著	中小企业虽有品牌但没名气,营销照样能做的有声有色	没有丰富的实操经验,写不出这么具体、详实的案例和步骤,很有启发
	老板如何管营销 史贤龙　著	高段位营销 16 招,好学好用	老板能看,营销人也能看
	洞察人性的营销战术:沈坤教你 28 式 沈坤　著	28 个匪夷所思的营销怪招令人拍案叫绝,涉及商业竞争的方方面面,大部分战术可以直接应用到企业营销中	各种谋略得益于作者的横向思维方式,将其操作过的案例结合其中,提供的战术对读者有参考价值
	动销:产品是如何畅销起来的 吴江萍　余晓雷　著	真真切切告诉你,产品究竟怎么才能卖出去	击中痛点,提供方法,你值得拥有
	1000 铁杆女粉丝 张兵武　著	连接是女性与生俱来的特质。能善用连接的营销人员,就像拿到打开女性荷包的钥匙	重新认识女性的传播力量
	360°谈营销:一位营销咨询师 20 年实战洞察 王清华　古怀亮　著	各个角度,全方位,多视点剖营销	思路单一,此书帮你破

续表

营销模式	**营销按钮:扣动一触即发的力量** 老　苗　著	提供各种奇形怪状的营销武器	一定会带给你不一样的思维震撼
	孙子兵法营销战 刘文新　著	逐句解读孙子兵法,以及在营销方面的感悟	帮助营销人用智慧打营销仗
销售	**资深大客户经理:策略准,执行狠** 叶敦明　著	从业务开发、发起攻势、关系培育、职业成长四个方面,详述了大客户营销的精髓	满满的全是干货
	大客户销售这样说这样做 陆和平　著	大客户销售十大模块 68 个典型销售场景应对策略和话术,直接拿来就用	从“为什么要这么干”到“干什么、怎么干”
	成为资深的销售经理:B2B、工业品 陆和平　著	围绕“销售管理的六个关键控制点”一一展开,提供销售管理的专业、高效方法	方法和技术接地气,拿来就用,从销售员成长为经理不再犯难
	销售是门专业活:B2B、工业品 陆和平　著	销售流程就应该跟着客户的采购流程和关注点的变化向前推进,将一个完整的销售过程分成十个阶段,提供具体方法	销售不是请客吃饭拉关系,是个专业的活计!方法在手,走遍天下不愁
	向高层销售:与决策者有效打交道 贺兵一　著	一套完整有效的销售策略	有工具,有方法,有案例,通俗易懂
	学话术　卖产品 张小虎　著	分析常见的顾客异议,将优秀的话术模块化	让普通导购员也能成为销售精英
组织和团队	**升级你的营销组织** 程绍珊　吴越舟　著	用“有机性”的营销组织替代“营销能人”,营销团队变成“铁营盘”	营销队伍最难管,程老师不愧是营销第 1 操盘手,步骤方法都很成熟
	用数字解放营销人 黄润霖　著	通过量化帮助营销人员提高工作效率	作者很用心,很好的常备工具书
	成为优秀的快消品区域经理(升级版) 伯建新　著	用“怎么办”分析区域经理的工作关键点,增加 30% 全新内容,更贴近环境变化	可以作为区域经理的“速成催化器”
	成为资深的销售经理:B2B、工业品 陆和平　著	围绕“销售管理的六个关键控制点”一一展开,提供销售管理的专业、高效方法	方法和技术接地气,拿来就用,从销售员成长为经理不再犯难
	一位销售经理的工作心得 蒋　军　著	一线营销管理人员想提升业绩却无从下手时,可以看看这本书	一线的真实感悟
	快消品营销:一位销售经理的工作心得 2 蒋　军　著	快消品、食品饮料营销的经验之谈,重点突出	来源于实战的精华总结
	销售轨迹:一位快消品营销总监的拼搏之路 秦国伟　著	本书讲述了一个普通销售员打拼成为跨国企业营销总监的真实奋斗历程	激励人心,给广大销售员以力量和鼓舞
	用营销计划锁定胜局:用数字解放营销人 2 黄润霖　著	全方位教你怎么做好营销计划,好学好用真简单	照搬套用就行,做营销计划再也不头痛
	快消品营销人的第一本书:从入门到精通 刘　雷　伯建新　著	快消行业必读书,从入门到专业	深入细致,易学易懂
产品	**产品开发管理方法·流程·工具:从作坊式到规范化** 任彭枞　著	产品研发管理体系全指导	既有工具,又能开拓思路
	新产品开发管理,就用 IPD(升级版) 郭富才　著	10 年 IPD 研发管理咨询总结,国内首部 IPD 专业著作	一本书掌握 IPD 管理精髓

续表

产品	**这样打造大单品：案例　策略　方法** 迪智成咨询团队　著	囊括十三个不同行业、企业的实际案例，从不同角度详细剖析、总结了这些品牌厂家打造大单品的成功经验或者失败教训	厘清大单品打造的策划与路径，得出持续经营的思路与方法
	研发体系改进之道 靖　爽　陈年根　马鸣明　著	提出一套系统性的方法与工具	指引企业少走弯路，提高成功率
	资深项目经理这样做新产品开发管理 秦海林　著	以 IPD 为思想，系统讲解新产品开管理的细节	提供管理思路和实用工具
	产品炼金术Ⅰ：如何打造畅销产品 史贤龙　著	满足不同阶段、不同体量、不同行业企业对产品的完整需求	必须具备的思维和方法，避免在产品问题上走弯路
	产品炼金术Ⅱ：如何用产品驱动企业成长 史贤龙　著	做好产品、关注产品的品质，就是企业成功的第一步	必须具备的思维和方法，避免在产品问题上走弯路
品牌	**中小企业如何建品牌** 梁小平　著	中小企业建品牌的入门读本，通俗、易懂	对建品牌有了一个整体框架
	采纳方法：破解本土营销8大难题 朱玉童　编著	全面、系统、案例丰富、图文并茂	希望在品牌营销方面有所突破的人，应该看看
	中国品牌营销十三战法 朱玉童　编著	采纳20年来的品牌策划方法，同时配有大量的案例	众包方式写作，丰富案例给人启发，极具价值
	今后这样做品牌：移动互联时代的品牌营销策略 蒋　军　著	与移动互联紧密结合，告诉你老方法还能不能用，新方法怎么用	今后这样做品牌就对了
	中小企业如何打造区域强势品牌 吴　之　著	帮助区域的中小企业打造自身品牌，如何在强壮自身的基础上往外拓展	梳理误区，系统思考品牌问题，切实符合中小区域品牌的自身特点进行阐述
渠道通路	**深度分销：掌控渠道价值链** 施　炜　著	制造商通过掌控渠道价值链，将管理触角延伸至零售层面及顾客现场，对市场根部精耕细作，从而挖掘需求，构筑区域市场尤其是三四级市场的竞争壁垒	深度分销是中国企业对世界营销的独特贡献。实践证明，互联网时代深度分销仍有生命力
	快消品营销与渠道管理 谭长春　著	将快消品标杆企业渠道管理的经验和方法分享出来	可口可乐、华润的一些具体的渠道管理经验，实战
	传统行业如何用网络拿订单 张　进　著	给老板看的第一本网络营销书	适合不懂网络技术的经营决策者看
	采纳方法：化解渠道冲突 朱玉童　编著	系统剖析渠道冲突，21个渠道冲突案例、情景式讲解，37篇讲义	系统、全面
	学话术　卖产品 张小虎　著	分析常见的顾客异议，将优秀的话术模块化	让普通导购员也能成为销售精英
	向高层销售：与决策者有效打交道 贺兵一　著	一套完整有效的销售策略	有工具，有方法，有案例，通俗易懂
	通路精耕操作全解：快消品20年实战精华 周　俊　陈小龙　著	通路精耕的详细全解，每一步的具体操作方法和表单全部无保留提供	康师傅二十年的经验和精华，实践证明的最有效方法，教你如何主宰通路

管理者读的文史哲·生活

	书名．作者	内容/特色	读者价值
思想·文化	**德鲁克管理思想解读** 罗　珉　著	用独特视角和研究方法，对德鲁克的管理理论进行了深度解读与剖析	不仅是摘引和粗浅分析，还是作者多年深入研究的成果，非常可贵
	德鲁克与他的论敌们：马斯洛、戴明、彼得斯 罗　珉　著	几位大师之间的论战和思想碰撞令人受益匪浅	对大师们的观点和著作进行了大量的理论加工，去伪存真、去粗存精，同时有自己独特的体系深度

续表

类别	书名/作者	内容简介	推荐理由
思想·文化	德鲁克管理学 张远凤　著	本书以德鲁克管理思想的发展为线索，从一个侧面展示了20世纪管理学的发展历程	通俗易懂，脉络清晰
	王阳明“万物一体”论：从“身－体”的立场看（修订版） 陈立胜　著	以身体哲学分析王阳明思想中的“仁”与“乐”	进一步了解传统文化，了解王阳明的思想
	自我与世界：以问题为中心的现象学运动研究 陈立胜　著	以问题为中心，对现象学运动中的“意向性”“自我”“他人”“身体”及“世界”各核心议题之思想史背景与内在发展理路进行深入细致的分析	深入了解现象学中的几个主要问题
	作为身体哲学的中国古代哲学 张再林　著	上篇为中国古代身体哲学理论体系奠基性部分，下篇对由“上篇”所开出的中国身体哲学理论体系的进一步的阐发和拓展	了解什么是真正原生态意义上的中国哲学，把中国传统哲学与西方传统哲学加以严格区别
	中西哲学的歧异与会通 张再林　著	本书以一种现代解释学的方法，对中国传统哲学内在本质尝试一种全新的和全方位的解读	发掘出掩埋在古老传统形式下的现代特质和活的生命，在此基础上揭示中西哲学“你中有我，我中有你”之旨
	治论：中国古代管理思想 张再林　著	本书主要从儒、法墨三家阐述中国古代管理思想	看人本主义的管理理论如何不留斧痕地克服似乎无法调解的存在于人类社会行为与社会组织中的种种两难和对立
	车过麻城　再晤李贽 张再林　著	系统全面而又简明扼要地展示了李贽独到的学术眼力和超拔的理论建树	帮助读者重新认识李贽的思想
	中国古代政治制度（修订版）上：皇帝制度与中央政府 刘文瑞　著	全面论证了古代皇帝制度的形成和演变的历程	有助于读者从政治制度角度了解中国国情的历史渊源
	中国古代政治制度（修订版）下：地方体制与官僚制度 刘文瑞　著	全面论证了古代地方政府的发展演变过程	有助于读者从政治制度角度了解中国国情的历史渊源
	中国思想文化十八讲（修订版） 张茂泽　著	中国古代的宗教思想文化，如对祖先崇拜、儒家天命观、中国古代关于“神”的讨论等	宗教文化和人生信仰或信念紧密相联，在文化转型时期学习和研究中国宗教文化就有特别的现实意义
	史幼波《大学》讲记 史幼波　著	用儒释道的观点阐释大学的深刻思想	一本书读懂传统文化经典
	史幼波《周子通书》《太极图说》讲记 史幼波　著	把形而上的宇宙、天地，与形而下的社会、人生、经济、文化等融合在一起	将儒家的一整套学修系统融合起来
	史幼波《中庸》讲记（上下册） 史幼波　著	全面、深入浅出地揭示儒家中庸文化的真谛	儒释道三家思想融会贯通
	梁涛讲《孟子》之万章篇 梁　涛　著	《万章》主要记录孟子与万章的对话，涉及孝道、亲情、友情、出仕为官等	作者的解读能帮助读者更好地理解孟子及儒学
	两晋南北朝十二讲（修订版） 李文才　著	作为一本普及性读物，作者尊重史实，运用“历史心理学”的叙事方法，分12个专题对两晋南北朝的历史进行阐述	让读者轻松了解两晋南北朝的历史
	每个中国人身上的春秋基因 史贤龙　著	春秋368年（公元前770－公元前403年），每一个中国人都可以在这段时期的历史中找到自己的祖先，看到真实发生的事件，同时也看到自己	长情商、识人心
	与《老子》一起思考：德篇 与《老子》一起思考：道篇 史贤龙　著	打通文史，回归哲慧，纵贯古今，放眼中外，妙语迭出，在当今的老子读本中别具一格	深读有深读的回味，浅尝有浅尝的机敏，可给读者不同的启发

续表

<table>
<tr><td rowspan="11">思想·文化</td><td>**说服天下:《鬼谷子》的中国沟通术**
翟玉忠　著</td><td>由内圣而外王,从心力的培育到具体的说服理论,再到生动的说服案例</td><td>从商业到军事再到日常生活,沟通说服已经变得越来越重要</td></tr>
<tr><td>**读《管子》,知天下财富:轻重术与中国古典经济思想**
翟玉忠　著</td><td>中国农业社会规模庞大的市场产生了复杂发展的经济理论——以《管子》轻重十六篇为核心的轻重术</td><td>本书分为道、术两大部分,有思想、有谋略,相信你会从中有所收获</td></tr>
<tr><td>**中国商道:从古典商书说开去**
翟玉忠　著</td><td>对中国先秦和明清两个商品经济大发展时期商业典籍的第一次系统整理和诠释</td><td>中华商道一脉相承,造就了无数商业奇迹,成就了无数商业巨子。今人读之,必能获益</td></tr>
<tr><td>**跟陈忠建学写名家书法Ⅰ**
跟陈忠建学写名家书法Ⅱ
陈忠建　著</td><td>中国台湾著名书法教育家,用视频手把手教你摹写历代名家笔触</td><td>用拟古千字文的形式,学习名家的技巧</td></tr>
<tr><td>**像美国人一样讲话:教你记住800句最地道的美语**
马方旭　著</td><td>本书基本囊括了在美国最常用最地道的800习惯用语表达,包含中英双语翻译,以及清晰明了的注解帮助增强记忆,加入视频等流行的记忆方法</td><td>易读易懂,趣味十足</td></tr>
<tr><td>**别让你的执着毁了孩子**
廖信琳　著</td><td>让职场人在家庭教育中不再焦虑,重塑亲子互动模式</td><td>只要放下你的执拗,孩子可以更优秀</td></tr>
<tr><td>**非暴力抵抗的诞生**
甘　地　著</td><td>甘地在南非的自传,介绍了非暴力抵抗诞生的历史</td><td>深入了解甘地及其伟大思想</td></tr>
<tr><td>**中东历史与现状二十讲**
黄民兴　著</td><td>介绍了中东历史和现状的20个重要问题</td><td>为研究和教学人员提供指导和依据</td></tr>
<tr><td>**郑子太极拳理拳法**
杨竣雄　著</td><td>走进郑子太极拳完整训练体系的大门,随着书中另一主角——师父的课程安排与每日功课的练习</td><td>当您学完这套书后,在掌握拳架的同时具备诸多正确的太极理念与系统知识</td></tr>
<tr><td>**内功太极拳训练教程**
王铁仁　编著</td><td>杨式(内功)太极拳(俗称老六路)的详细介绍及具体修炼方法,身心的一次升华</td><td>书中含有大量图解并有相关视频供读者同步学习</td></tr>
<tr><td>**中医治心脏病**
马宝琳　著</td><td>引用众多真实案例,客观真实地讲述了中西医对于心脏病的认识及治疗方法</td><td>看完这本书,能为您节约10万元医药费</td></tr>
</table>